Schule in der digitalen Welt

Psychologie im Schulalltag
Band 4

Schule in der digitalen Welt

Prof. Dr. Heike M. Buhl, Dr. Sabrina Bonanati, Prof. Dr. Birgit Eickelmann

Herausgeber der Reihe:

Prof. Dr. Caterina Gawrilow, Prof. Dr. Marcus Hasselhorn, Prof. Dr. Ulrich Trautwein, Prof. Dr. Christina Schwenck, Stefan Drewes, Dr. Anke Leuthold-Zürcher

Heike M. Buhl
Sabrina Bonanati
Birgit Eickelmann

Schule in der digitalen Welt

hogrefe

Prof. Dr. Heike M. Buhl, geb. 1967. 1986–1992 Studium der Psychologie in Göttingen und Mannheim. 1996 Promotion, 2007 Habilitation. Seit 2010 Professorin für Pädagogische Psychologie und Entwicklungspsychologie unter Berücksichtigung der Geschlechterforschung an der Universität Paderborn. Arbeitsschwerpunkte: Familienpsychologie, Lehrer_innenbildung, Kooperation von Elternhaus und Schule, (digitale) Bildungskontexte in Schule und Familie.

Dr. Sabrina Bonanati, geb. 1988. 2007–2012 Lehramtsstudium in den Fächern Deutsch und Philosophie, Universität Paderborn. Seit 2012 Wissenschaftliche Mitarbeiterin in der Pädagogischen Psychologie und Entwicklungspsychologie unter Berücksichtigung der Geschlechterforschung an der Universität Paderborn. 2017 Promotion. Arbeitsschwerpunkte: Family Literacy, Kooperation zwischen Elternhaus und Schule, (digitales) häusliches Lernen, Theorie-/Praxisverzahnung in der Lehrer*innenbildung.

Prof. Dr. Birgit Eickelmann, geb. 1971. 1990–1996 Studium der Mathematik und Physik in Bochum. 1997–2003 Referendariat und Schuldienst; 2003–2012 Abgeordnete Studienrätin am Institut für Schulentwicklungsforschung, TU Dortmund. Seit 2012 Professorin für Schulpädagogik an der Universität Paderborn. Arbeitsschwerpunkt: Digitalisierung in Schule, Unterricht und Schulsystemen.

Bibliografische Information der Deutschen Nationalbibliothek
Die Deutsche Nationalbibliothek verzeichnet diese Publikation in der Deutschen Nationalbibliografie; detaillierte bibliografische Daten sind im Internet über http://dnb.dnb.de abrufbar.

Hogrefe Verlag GmbH & Co. KG
Merkelstraße 3
37085 Göttingen
Deutschland
Tel. +49 551 999 50 0
Fax +49 551 999 50 111
info@hogrefe.de
www.hogrefe.de

Umschlagabbildung: © iStock.com by Getty Images / HRAUN
Satz: Sabine Rosenfeldt, Hogrefe Verlag GmbH & Co. KG, Göttingen
Druck: mediaprint solutions GmbH, Paderborn
Printed in Germany
Auf säurefreiem Papier gedruckt

1. Auflage 2021

(E-Book-ISBN [PDF] 978-3-8409-3074-4; E-Book-ISBN [EPUB] 978-3-8444-3074-5)
ISBN 978-3-8017-3074-1
https://doi.org/10.1026/03074-000

Inhaltsverzeichnis

Vorwort

Obwohl schon lange vorgeplant, wurde dieses Buch in seinen wesentlichen Teilen im Frühjahr 2020 unter dem Eindruck des Corona-Lockdowns fertig gestellt. Die Schulschließungen und Kontaktbeschränkungen lenkten die allgemeine Aufmerksamkeit wie nie zuvor auf die Vorteile und Chancen von Digitalisierung, die gerade im Kontext von Bildung und speziell der Schule immer wieder auch kritisch diskutiert werden. Was allerdings auch in der aktuellen Diskussion oft fehlt, ist die psychologische Sichtweise auf Schule. Wir greifen diese Perspektive auf und verfolgen mit dem Buch das Ziel, ein möglichst ausgewogenes Bild zu malen und Schulen sowie Lehrkräften eine Orientierung und Unterstützung anzubieten. Als Autorinnen sind wir davon überzeugt, dass die Digitalisierung für Schule einen Gewinn darstellt, ohne zugleich die Augen vor Herausforderungen für die schulische Arbeit und die Komplexität der gesellschaftlichen Veränderungen zu verschließen. Wir würden uns freuen, dabei allen Leserinnen und Lesern ermutigende und reflektierte Anregungen anzubieten und eine Bandbreite an Themen ansprechend, wissenschaftsbasiert und praxisnah gebündelt zu haben.

Unser Dank gilt Anja Trampel, Julia Rabe und Isabella Koralewicz für die Unterstützung bei der Erstellung des Buches in Form von Recherchen, Materialerstellung und Textkorrektur, Antonius, Flavia, Frederik und Jonathan für die Nachhilfestunden zum Leben in der digitalen Welt auch als Heranwachsende, Kathrin Rothauge vom Hogrefe-Verlag für die stets prompte und konstruktive Unterstützung, den Herausgeberinnen und Herausgebern der Reihe, namentlich Stefan Drewes und Prof. Dr. Caterina Gawrilow, für den Vertrauensbeweis, dieses Buch schreiben zu können, und die Unterstützung dabei, zahlreichen Studierenden für das Mitdenken zur Konzeption des Buches sowie dem Internet, v. a. Google Scholar, Wikipedia und ganz wunderbaren themenspezifischen Homepages zahlreicher Bildungseinrichtungen.

> Hinweis: Alle in diesem Buch aufgeführten Links sind auf der Webseite hgf.io/pisaband4 nochmals aufgelistet, damit sie dort direkt angeklickt werden können.

1 Schule in der digitalen Welt

Die Verbreitung digitaler Medien verändert den Schulalltag. Digitalisierung und Mediatisierung sind mit großem Potenzial verbunden, zugleich lassen sich aber auch Herausforderungen, Bedenken und Risiken nicht leugnen. Dazu trägt bei, dass der Umgang mit digitalen Medien kein Selbstläufer ist, sondern für alle Beteiligten den Aufbau digitaler Kompetenzen erfordert. In der Auseinandersetzung mit diesem Themenfeld knüpfen wir unmittelbar an das KMK-Strategiepapier „Bildung in der digitalen Welt" (KMK, 2016) sowie die Notwendigkeit der Entwicklung von schulinternen und schulübergreifenden Medienkonzepten an.

Dementsprechend gliedert sich der vorliegende Band in drei Teile: Im ersten Teil (Kap. 2) werden unter der Überschrift *Lernen für die digitale Welt* die notwendigen Kompetenzen für den angemessenen und selbstbestimmten Umgang mit digitalen Medien vorgestellt. Für Schulen und Lehrkräfte stellt sich dabei eine doppelte Herausforderung. Auf der einen Seite gilt es, die eigene Medienkompetenz aufzubauen, auf der anderen Seite, die Schülerinnen und Schüler dabei zu unterstützen. Zudem eröffnen digitale Medien eine große Vielfalt an Möglichkeiten für ein *Lernen in der digitalen Welt,* dessen Grundlagen, Herausforderungen und Chancen sowie die konkrete Nutzung digitaler Lernmedien im dritten Kapitel anhand ausgewählter Theorien zum Lernen und zur Motivation dargelegt werden. Beide Aspekte des Lernens werden vom auch außerschulischen *Leben in der digitalen Welt* beeinflusst. Mit der zunehmenden zeitlichen und räumlichen Entgrenzung der Mediennutzung lernen Kinder, Jugendliche und Erwachsene in vielfacher Form auch in informellen Settings, zugleich kann und will sich auch Schule nicht gegen die alltägliche Nutzung digitaler, auch sozialer Medien, abschotten. Im vierten Kapitel wird dies anhand des Umgangs mit dem Smartphone, Computerspielen und Cybermobbing aufgearbeitet.

Jedes Kapitel ist so untergliedert, dass zunächst als „Phänomene" die zentralen Begriffe, Herausforderungen und Mechanismen dargestellt werden. Dann verdeutlichen aktuelle Befunde den Stand der Forschung, der als Grundlage für die im dritten Schritt vorgestellten Handlungsoptionen und konkreten Umsetzungsbeispiele dient.

Ein Tag aus dem Leben einer Schülerin kann die drei genannten Facetten des Lernens für die digitale Welt, des Lernens in der digitalen Welt und des Lebens in der digitalen Welt, die untrennbar miteinander verwoben sind, verdeutlichen.

Ein Schultag in der digitalen Welt

Anna-Lenas Wecker klingelt um 06:30 Uhr. Nein, eigentlich klingelt nicht ihr Wecker, sondern die WeckerApp auf ihrem Smartphone spielt ihr aktuelles Lieblingslied. Sie schaut gleich weiter ins Smartphone. In der Nacht war viel los, ihre Freundin ist verliebt. Das heißt, 60 WhatsApp Nachrichten. Nach 22:00 Uhr darf Anna-Lena selbst nicht mehr an ihr Smartphone, ihre Eltern stellen das WLAN ab. Anna-Lena scannt kurz die Nachrichten, ob etwas Wichtiges dabei ist, dann macht sie ihre Spotify „Good-Morning-Playlist" an. Auf dem Schulweg erfährt sie über die SchulApp, dass die vierte Stunde ausfällt. So kann sie dann noch einmal mit ihren Klassenkameraden die Tanzchoreographie für den Sportunterricht üben. Sie durften im Sportunterricht ihre Smartphones dazu benutzen, sich beim Tanzen zu filmen. Später soll daraus ein Musikvideo werden. Anna-Lena findet das richtig super. Sich selbst in den kleinen Filmen zu beobachten, bringt ihr viel mehr, als wenn die Lehrerin ihr Tipps gibt. Die ganze Gruppe ist schon sehr viel besser geworden. In zwei Wochen sollen sie das Musikvideo abgeben und heute Nachmittag ist die erste große Vorstellung der Choreographien im Sportunterricht vor der gesamten Klasse. Die Lehrerin hatte vor ein paar Wochen ihre Wii mitgebracht und den Schülerinnen und Schülern verschiedene einzelne Tänze gezeigt, sodass sie sich ihre Choreographie aus einzelnen Tracks zusammengestellt haben. Anna-Lena mag den Sportunterricht eigentlich gar nicht, aber seitdem sie das Thema Tanzen haben, ist sie voll drin. Endlich kann sie auch mal was mit Sport.

Nach dem Sportunterricht fährt sie nach Hause. Leider hat sie ihr Hausaufgabenheft vergessen, aber in der Facebook-Gruppe hatte Lukas schon dasselbe Problem und Azra hat alle Aufgaben gepostet ... zum Glück! Bei den Hausaufgaben muss sie ihr Smartphone bei ihrer Mutter abgeben, damit sie sich besser konzentrieren kann. Was für ein Schwachsinn, denkt Anna-Lena. Wenn ich etwas nicht weiß, kann ich es noch nicht einmal kurz googeln! Für die Geschichtshausaufgabe muss sie daher an den Familiencomputer. „Findet heraus, welche Rolle Karl der Große in der Geschichte Ostwestfalens gespielt hat." Mmh, klingt erstmal kompliziert. Aber sie haben im Unterricht genau gelernt, wie man bei so einer Recherche vorgeht, so dass Anna-Lena bald eine Seite mit Notizen und Quellenangaben erstellt hat. Nach den Hausaufgaben holt Anna-Lena sich ihr Smartphone wieder ab und checkt erstmal den Klassenchat. Natürlich musste Hanna mal wieder gegen Alina stänkern, langsam nervt das echt. Anna-Lena überlegt kurz, ob sie Alina in Schutz nehmen soll, hat dann aber Bedenken, selbst von Hanna beleidigt zu werden. Neulich setzte Hanna auf Instagram sogar Fotos von Alinas Gesicht auf Tierbilder. Das war eigentlich ganz lustig, aber natürlich echt nicht nett.

Nun ist offensichtlich auch Anna-Lenas Bruder Max mit den Hausaufgaben fertig. Durch die Wand kann man deutlich hören, dass er schon wieder an einem seiner Ballerspiele ist. „Pass auf ... Hinter dir ... Mensch du ****", brüllt Max rum und haut mit der Faust auf den Tisch. Anna-Lena grinst. Sie spielt ab und zu auch gern mal eine Runde, kann aber nicht verstehen, warum es ihm so wichtig ist zu gewinnen. Vor der Klavierstunde hat Anna-Lena noch eine halbe Stunde Zeit. Sie scrollt auf Instagram rum und ist sehr erstaunt, wie schnell die Zeit vergangen ist, als ihre Mutter ins Zimmer stürmt und sie an die Klavierstunde erinnert. Nach dem Abendessen geht Anna-Lena noch für eine Stunde zu Julia rüber. Sie sind begeistert von den neuesten Schminktipps von BibisBeautyPalace auf YouTube und schminken sich gegenseitig. Bibi hat eine neue umweltfreundliche Marke empfohlen. Die wird Anna-Lena dann am Wochenende kaufen. Sie haben viel Spaß und machen am Ende viele Selfies, die Julia gleich auf Instagram postet. Im Bett schaut Anna-Lena dann auf ihrem Smartphone noch eine Folge „How I met your mother" auf Englisch. Bevor das WLAN ausgeht, tippt sie schnell noch ein zufriedenes „Gute Nacht, gehe gerade schlafen" an Julia.

2 Lernen für die digitale Welt

Die gesellschaftlichen Veränderungen und damit die Veränderungen der Lebens- und Arbeitsbedingungen in einer von Digitalisierung geprägten Welt beeinflussen unmittelbar den Bildungs- und Erziehungsauftrag von Schule. Das „Lernen für die digitale Welt“, Kinder und Jugendliche für ein selbstbestimmtes Leben in einer sich schnell verändernden Gesellschaft vorzubereiten und sie zu befähigen, diese Veränderungen mitzugestalten, stellt Schulen und Schulsysteme in den letzten Jahren vor große Herausforderungen. Dabei kommt die Gestaltung von Schule vielfach an Grenzen, da in allen Bereichen von Schule ein Umdenken und eine Neugestaltung erforderlich sind. Lehrkräfte spielen dabei eine zentrale Rolle; sie sind diejenigen, die den Unterricht und damit das Lernen gestalten und in ihren Schulen an Schulentwicklungsprozessen mitwirken.

Während häufig zunächst die technologischen Ausstattungen und IT-Infrastrukturen und damit verbunden die Fragen nach IT-Support diskutiert werden, sind es vor allem strukturelle und pädagogische Entwicklungen, die ein ‚Lernen für die digitale Welt‘ ermöglichen. In allen drei Bereichen zeigen sich Entwicklungsbedarfe, die die Arbeit in der Schule beeinflussen. Im IT-Ausstattungsbereich zeigen sich für Deutschland in den meisten Schulen weiterhin große Entwicklungsbedarfe, da vielfach keine grundlegende IT-Lerninfrastruktur vorhanden ist. Dies betrifft Internetanbindungen, Ausstattung mit Endgeräten und Hardware, IT-Infrastrukturen wie Lernmanagement-Systeme und Cloud-Lösungen sowie vor allem auch digitale Lerninhalte, die auf die Schulstufen und Schulfächer zugeschnitten sind (Eickelmann & Labusch, 2019). Strukturell zeigt sich, dass unser Schulsystem und Unterrichtskonzepte Ansätze verfolgen, die 100 Jahre und teilweise deutlich älter sind und den gesellschaftlichen Transformationsprozessen im Kontext der Digitalisierung damit nicht mehr gerecht werden (Schleicher, 2018). Die Technologieentwicklung wird daher zu einer neuen Daueraufgabe von Schule und ist immer unter dem Primat des Pädagogischen zu gestalten. Die Versuche, digitale Medien in das schulische Lernen zu integrieren, scheinen auch deshalb bisher in Deutschland in vielen Schulen wenig erfolgreich gewesen zu sein, da die Idee, diese einfach nur als Add-On in schulische Lernprozesse trotz ohnehin dichter Lehrpläne und zahlreicher weiterer schulischer Entwicklungsaufgaben zu integrieren, für Schulen nicht realisierbar ist (Eickelmann, 2018). Ohne auf Antworten auf die grundsätzlichere Frage nach den neuen Potenzialen des Lernens mit digitalen Medien und den Anforderungen an ein Lernen für die digitale Welt einzugehen, erscheint es schwierig, eine Veränderung der Lernkultur zu realisieren und einen Leitmedienwechsel vom Buch zum Computer (Döbeli Honegger, 2016) vorzunehmen. Dies gelingt aber einer zunehmenden Anzahl an Schulen und setzt ein Grundverständnis davon voraus, wie die gesellschaftlichen Digitalisierungsprozesse den Erziehungs- und Bildungsauftrag von Schule verändern. Zum anderen verändert es die Arbeit von Lehrkräften und ihren Arbeitsplatz.

2.1 Phänomene

2.1.1 Bereiche des Lernens für die digitale Welt

Den schulischen Auftrag ‚Lernen für die digitale Welt' nicht nur zu ermöglichen, sondern aufgrund sich verändernder technologischer und pädagogischer Möglichkeiten auch beständig weiterzuentwickeln, erfordert Anstrengungen und Innovationsbestrebungen auf allen Ebenen von Schule. Treibende Kraft sind dabei vielfach die einzelnen Schulen und die Kollegien bzw. Teile von Kollegien. Besonders wichtig ist es, die Zielperspektiven schulischen Lernens für die digitale Welt für die eigene Schule zu identifizieren, zu formulieren und ggf. Schwerpunkte zu setzen. Dabei helfen strukturierte Betrachtungen. Eickelmann und Gerick (2017) unterscheiden beispielsweise vier Zielperspektiven des Lernens für die digitale Welt (vgl. Abbildung 1):

1. Unterstützung von Fertigkeiten und Anwendungskompetenzen im Umgang mit digitalen Medien
2. Nutzung digitaler Medien zur Unterstützung fachlicher Lernprozesse und Lernergebnisse

Abbildung 1: Vier Bereiche des Lernens für die digitale Welt (in Anlehnung an Eickelmann & Gerick, 2017)

3. Unterstützung des Erwerbs neuer, vor allem ‚digitaler' Kompetenzen
4. Entwicklung und Umsetzung zeitgemäßer Formen des Lernens mit digitalen Medien

Bereich 1: Unterstützung von Fertigkeiten und Anwendungskompetenzen im Umgang mit digitalen Medien

Im Kern umfasst dieser Bereich des Lernens, der international auch mit ‚Learn to use ICT' (Voogt, 2008) umschrieben wird, die Vermittlung von Kenntnissen im Umgang mit digitalen Medien, z.B. die Nutzung von Textverarbeitungs-, Tabellenkalkulations- oder Präsentationsprogrammen, von Apps und weiteren IT-Anwendungen. Dabei wurde lange Jahre vielfach diskutiert, ob die Vermittlung dieser Fertigkeiten überhaupt eine Aufgabe ist, für die die Schule ausbilden muss. Es zeigt sich jedoch zunehmend, dass viele Schulen diesen Bereich des Lernens für die digitale Welt in ihre schulischen Medienkonzepte aufgenommen haben und zudem sind Anwendungskompetenzen mit der KMK-Strategie ‚Bildung in der digitalen Welt' bundesländerübergreifend in den Zielkatalog schulischen Lernens aufgenommen (Sekretariat der Ständigen Konferenz der Kultusminister der Länder in der Bundesrepublik Deutschland [KMK], 2016, vgl. auch Kap. 2.2). Die konzeptionelle Verankerung auf der Schulebene erfolgt zumeist gebunden an bestimmte Fächer oder Jahrgangsstufen. So können für den fachlichen Einsatz digitaler Medien fest vereinbart, angebunden an Inhalte, Grundfertigkeiten gefördert werden, die im Sinne eines spiralischen Curriculums in weiteren Fächern und in höheren Jahrgangsstufen ausgebaut werden. Dies kann in schulischen Medienkonzepten verankert sein und so eine verbindliche Orientierung für die eigene Schule anhand konkreter Beispiele geschaffen werden. Die Verbindung zum schulischen Lernen erfolgt dabei nicht über die reine Vermittlung von technischen Kompetenzen, vielmehr werden Fertigkeiten in Verbindung zum Lernen gefördert. Um ein konkretes Beispiel zu nennen, geht es beispielsweise nicht nur um die Erstellung von Videos oder um die Arbeit mit Video-Software, sondern um die Erstellung von Lern- und Erklärvideos im eigenen Fachunterricht. Die in einem Fach von den Schülerinnen und Schülern erworbenen Fertigkeiten können dann in anderen Fächern genutzt und weiter ausgebaut werden. Entsprechende Absprachen können im Kollegium getroffen werden. Dabei eignen sich schulspezifische Medienkonzepte als Planungsdokumentation und gleichsam als Kommunikationsinstrument, in dem grundsätzliche Orientierungen, wann welche Anwendungskompetenzen zuverlässig gefördert werden, umgesetzt werden.

Bereich 2: Nutzung digitaler Medien zur Unterstützung fachlicher Lernprozesse und Lernergebnisse

Als zweiter, für Schulen besonders relevanter Bereich ist die Nutzung digitaler Medien zur Unterstützung fachlicher Lernprozesse und Lernergebnisse zu nennen.

Dieser Bereich wird seit mehr als drei Jahrzehnten in der Forschung untersucht. Seine Relevanz für die schulische Praxis ergibt sich daraus, dass viele Lehrkräfte sich vor allem als Fachlehrkräfte verstehen und besonders dann geneigt sind, ein Lernen für die digitale Welt zu realisieren, wenn für sie ein erkennbarer Ertrag in der Verbesserung von fachlichen Lernprozessen und Lernergebnissen besteht. Insbesondere Lehrkräfte, die sich als Fachlehrkräfte verstehen, sind eher geneigt, trotz des möglicherweise anfänglich höheren Aufwandes, digitale Medien in ihrem Unterricht zu verwenden, wenn für sie erkennbar ist, dass ihre Schülerinnen und Schüler einen besseren Zugang zum Fach finden, bessere fachliche Lernerfolge erzielen und mit Motivation und Interesse für das ‚eigene' Fach lernen. In der internationalen Forschung wird dieser Bereich oft mit dem Schlagwort ‚Use ICT to learn' (Voogt, 2008) umschrieben, wobei das Akronym ‚ICT' für Information and Communication Technologies verwendet wird, das wir im Deutschen im schulischen Kontext mit dem Begriff ‚digitale Medien' übersetzen können. Anders als für den ersten Zielbereich, bei dem bis zu einem gewissen Grad auch die technische Anwendung im Vordergrund steht, fokussiert sich dieser zweite Zielbereich also auf den Einsatz digitaler Medien im Fachkontext. Vor dem Hintergrund der aktuellen Entwicklungen ist dieser Bereich einerseits im schulischen Kontext besonders relevant, andererseits fehlen für viele Bereiche weiterhin fachdidaktische Konzepte, insbesondere mit Schulstufenbezug. Fragen, die auch zukünftig für die fachbezogene Unterrichtsentwicklung von besonderem Interesse sind, lauten: Welche neuen Möglichkeiten ergeben sich in den Fächern durch die Potenziale digitaler Medien, auch vor dem Hintergrund der Nutzungsmöglichkeiten persönlicher Endgeräte? Welche Chancen ergeben sich für neue Wege des fachlichen Wissens- und Kompetenzerwerbs? Wie können digitale Medien eingesetzt werden, um fachliches Lernen, Motivation und Lernergebnisse verschiedener Lernender und von unterschiedlichen Lerngruppen bestmöglich zu fördern? Nach und nach werden digitale Fachlerninhalte entwickelt, die – wenn sie lehrplan- bzw. bildungsplankonform sind – wichtige Unterstützung für einen digital gestützten Fachunterricht bieten. Aus lernpsychologischer und motivationaler Perspektive vertieft Kapitel 3 zum Lernen in der digitalen Welt diesen Aspekt.

Bereich 3: Unterstützung des Erwerbs neuer, vor allem ‚digitaler' Kompetenzen

Als zunehmend relevant erscheinen als Zielperspektive des Lernens in der digitalen Welt, ergänzend zu den traditionellen Schlüsselkompetenzen, digitale Kompetenzen im Sinne eines reflektierten und selbstbestimmten Umgangs mit neuen Technologien und digitalen Informationen. Damit umfasst die Unterstützung des Erwerbs digitaler Kompetenzen von Schülerinnen und Schülern den dritten hier ausgeführten Bereich des Lernens für die digitale Welt. Die Förderung digitaler Kompetenzen wird in Deutschland seit einigen Jahren verstärkt diskutiert und in der KMK-Strategie (2016) erstmals verbindlich für alle Bundesländer als fächerübergreifender Kompetenzbereich verstanden, der an alle Fächer von der Primarstufe an angebunden werden soll. In der Gesamtdiskussion um ‚neue' Kompetenzbereiche bilden die digitalen Kompetenzen allerdings nur einen Ausschnitt. In Konzeptpapieren zu 21st-Century-Skills werden sie u. a. neben Kreativität, Kooperations- bzw. Kollaborationsfähigkeit (Voogt & Pareja Roblin, 2010) angeführt, die in den letzten Jahren zu einem 4-K-Modell zusammengeführt werden: Kommunikation, Kollaboration, Kreativität und kritisches Denken. Aufgrund der besonderen Relevanz digitaler Kompetenzen werden Kompetenzmodelle und Forschungsergebnisse in den weiteren Abschnitten dieses Kapitels noch einmal ausführlich aufgegriffen.

Bereich 4: Entwicklung und Umsetzung zeitgemäßer Formen des Lernens mit digitalen Medien

Der vierte Bereich des Lernens für die digitale Welt betrifft die Neugestaltung von Schule und Unterricht als Ganzes. Dieser Aspekt scheint zukünftig besonders wichtig, da die Versuche, das Lernen mit digitalen Medien in traditionelle Lehr-Lernkonzepte einzubinden, häufig wenig überzeugend und wenig nachhaltig waren. Im Fokus stehen dabei nicht die Technologien, sondern die Schülerinnen und Schüler und ihre Lernprozesse. Im Gegensatz zu rasant fortschreitenden Digitalisierungsprozessen in fast allen Lebens- und Arbeitsbereichen hat sich das Verständnis der Organisation von schulischen Lern- und Lehrprozessen vielfach nicht mit gleicher Geschwindigkeit gewandelt. Für das ‚Lernen für die digitale Welt' sind im Verständnis dieses vierten Bereiches die Veränderung der Lernkultur, eine Veränderungen von Rollen der Lehrkräfte und Lernenden sowie die Nutzung der Potenziale digitaler Medien selbst, wie Interaktivität, Konnektivität und Vernetzung (Irion & Scheiter, 2018) Bestandteile eines neuen Denkens über Lernen für die digitale Welt. Die rasanten technischen Entwicklungen pädagogisch auch zu nutzen und Lehr-Lern-Prozesse zeitgemäß zu gestalten, Motivation und Interesse zu fördern sowie bestimmte Gruppen von Schülerinnen und Schülern gezielter zu fördern, bilden in diesem Bereich die Grundlagen für ein zukunftsorientiertes Lernen mit digitalen Medien. Mehr noch als für alle anderen Zielperspektiven des Lernens in der digitalen Welt sind für die gelingende Entwicklung und Umsetzung zeitgemäßer Formen des Lernens für die digitale Welt Einstellungen der Lehrkräfte zur Rolle der Schule in der Gesellschaft sowie ihre professionellen Sichtweisen und Kompetenzen in der Unterrichtsgestaltung entscheidend.

Fazit

Das Lernen für die digitale Welt verfolgt unterschiedliche Zielsetzungen. Die Förderung digitaler Kompetenzen, die Modernisierung von (Fach-)Unterricht und die zeitgemäße Gestaltung von Schule sind dabei zentral und erfordern neue Kompetenzen für und von Lehrkräften.

2.1.2 Gestaltung des Lernens für die digitale Welt auf Einzelschulebene

‚Lernen für die digitale Welt' auf der Einzelschulebene zu gestalten, ist als schulischer Veränderungsprozess in einem Gesamtkontext von Schulentwicklungsprozessen zu sehen, an dem im Idealfall alle Lehrkräfte einer Schule und möglichst auch die weiteren schulischen Akteurinnen und Akteure mitwirken. Um Schule an den Anforderungen einer Mediengesellschaft auszurichten, reicht eine Fokussierung auf die für die Gestaltung von Lernprozessen und damit für viele Lehrkräfte auf den ersten Blick besonders relevante Unterrichtsebene allein aber nicht aus. Vielmehr sind alle fünf Dimensionen digitalisierungsbezogener Schulentwicklung (Gerick & Eickelmann, 2017) zu adressieren, um schulische Prozesse und Rahmenbedingungen umfassend mitzuentwickeln (vgl. auch Schaumburg & Prasse, 2019). Diese umfassen:

1. die Organisationsentwicklung
2. die Unterrichtsentwicklung
3. die Personalentwicklung
4. die Technologieentwicklung
5. die Kooperationsentwicklung

Ausgangspunkt dieses Schulentwicklungsansatzes ist, dass die Umsetzung schulischer Zielsetzungen im Kontext der Digitalisierung nur dann erfolgreich gelingen kann, wenn die damit verbundenen Maßnahmen und Veränderungen auf allen Ebenen von Schule erfolgen und diese umfassend in Schulentwicklungsprozessen verankert sind (u.a. Brüggemann & Breiter, 2016; Gerick, Eickelmann & Rolff, 2017). Deutlich wird dies z.B. daran, dass Digitalisierungsprozesse in Schulen nicht nachhaltig gelingen, wenn zum Beispiel nur einzelne Lehrkräfte die Nutzung der Möglichkeiten neuer Technologien in ihrem Unterricht einbeziehen oder sich nur ein Teil des Kollegiums fortbildet. Auch eine fehlende Verankerung in schulische Konzepte, und damit als Teil von Organisationsentwicklung, hemmt die nachhaltige Wirksamkeit von Digitalisierungsprozessen. Weiterhin reicht es nicht aus, sich auf eine Technologie alleine, z.B. nur auf Laptops, zu fokussieren, ohne dabei neuere Entwicklungen (z.B. Cloud-Lösungen und Lernmanagement-Systeme) und zukünftige Entwicklungen von IT-Infrastrukturen (z.B. Lernanwendungen im Kontext von künstlicher Intelligenz) und ihre möglichen pädagogischen Implikationen und Anwendungsmöglichkeiten mitzudenken. Dabei dienen die Entwicklungen, die in den vorgenannten fünf Bereichen differenziert werden können (Abbildung 2), nicht einem jeweiligen Selbstzweck, auch wenn sie einzeln, aber nicht unabhängig voneinander in Schulen bearbeitet werden müssen. Vielmehr geht es im Kern immer um die Schülerinnen und Schüler, ihre Lernprozesse und Lernergebnisse und damit um die systematische und zielorientierte Förderung und Unterstützung des Lernens für die digitale Welt (vgl. Abbildung 2). Die fünf Bereiche werden im Folgenden daher auch im Hinblick auf ihre Umsetzung und Relevanz für die schulische Arbeit erläutert.

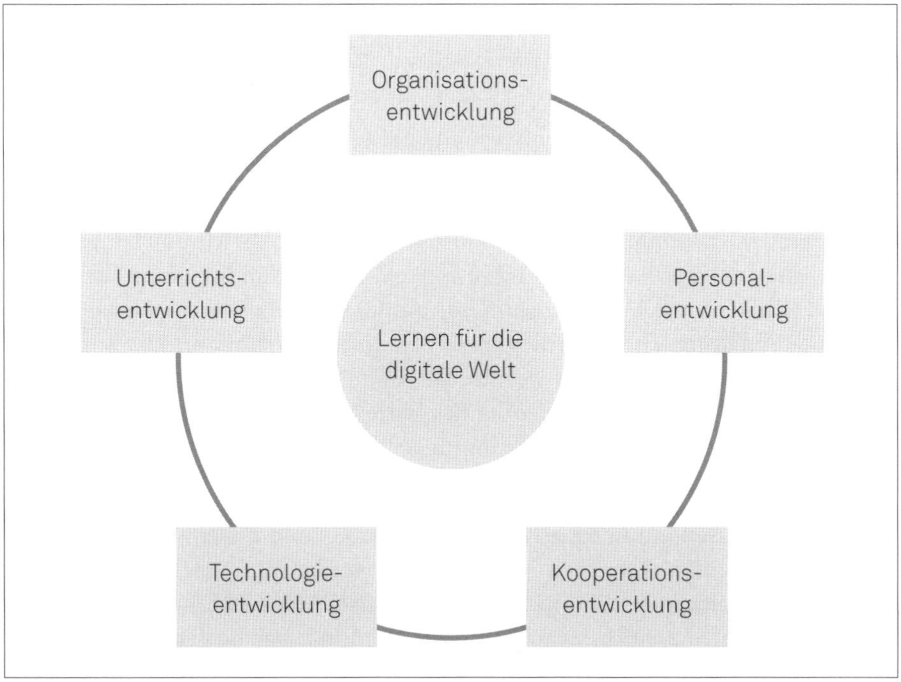

Abbildung 2: Fünf Dimensionen der Schulentwicklung für das ‚Lernen für die digitale Welt' (in Anlehnung an Eickelmann & Gerick, 2017, S. 70)

I. Die Dimension der Organisationsentwicklung

In Bezug auf die Organisationsentwicklung sind für eine nachhaltige Verankerung des Lernens für die digitale Welt in Schule und Unterricht gemeinsame schulische Zielsetzungen, die Anknüpfung an die pädagogischen Herausforderungen und Möglichkeiten der Einzelschulen sowie eine verbindliche Verankerung des Lernens mit digitalen Medien in schulische Medienkonzepte ausschlaggebend. Dabei erweist sich auf der Ebene der Einzelschule ein pädagogisch ausgerichtetes Medienkonzept für eine erfolgreiche, einem Gesamtkonzept folgende Umsetzung des Lernens für die digitale Welt von entscheidender Bedeutung. Nur über eine Verankerung des Lehrens und Lernens auf der Organisationsebene können schließlich alle Schülerinnen und Schüler erreicht und möglichst viele Kolleginnen und Kollegen bei den dafür erforderlichen Prozessen mitgenommen werden. Besonders zielführend erscheint es, den Mehrwert sowie die Notwendigkeit des Lernens für die digitale Welt organisational zu verstehen und so zu verankern, dass diese an die Schulkultur und die schulischen Bedingungen anknüpfen sowie die Kompetenzen und Einstellungen (vgl. auch Schaumburg & Prasse, 2019) der schulischen Akteure berücksichtigen, die Zielsetzungen der Prozesse festschreiben und – dabei aus der Perspektive der Schulentwicklungsforschung idealerweise auch – die Evaluation der Zielerreichung mitdenken.

II. Die Dimension der Unterrichtsentwicklung

Die Unterrichtsentwicklung stellt Schulen sowie Lehrkräfte möglicherweise vor die größte Aufgabe, da sie den Kernbereich schulischer Arbeit betrifft. Im Hinblick auf diese Dimension der Schulentwicklung gilt es, digitale Medien unter Berücksichtigung aller Zielbereiche des Lernens für die digitale Welt lern- und kompetenzförderlich einzusetzen. Weiterhin gilt es für Schulen auf der Unterrichtsebene, die weiteren schulischen Aufgaben und Herausforderungen, wie den Umgang mit Vielfalt, auch unter Aspekten der Inklusion, des steigenden Anteils an Schülerinnen und Schülern mit Migrationshintergrund und des Wunsches einer besseren Förderung von begabten Schülerinnen und Schülern, zu bearbeiten. Dazu erscheint es zielführend, Konzepte zu entwickeln, die zukunftsfähig aufzeigen, wie das Lernen für die digitale Welt dazu nicht in Konkurrenz steht, sondern dass durch die Umsetzung individuell oder auf bestimmte Schülergruppen zugeschnittene Lernformen Teil der Lösung sein können.

Bei allen Prozessen auf der Ebene des Unterrichts kann dabei auf vorhandenes Wissen über guten Unterricht zurückgegriffen werden. Unterrichtsqualität wird dabei maßgeblich von den Kompetenzen und Einstellungen der Lehrkräfte beeinflusst. Unterrichtsentwicklung auf der Ebene der Einzelschule geht aber über den Unterricht einzelner Lehrkräfte hinaus und ist ein gesamtschulischer Prozess. Für alle anstehenden Prozesse, auch vor dem Hintergrund bewährter didaktischer Modelle, ist – wie Döbeli Honegger (2016) betont – nicht gemeint, dass digitale Medien für alle Lernanlässe genutzt werden sollen. Dies würde jedem didaktischen Verständnis eines sinnvollen Medieneinsatzes widersprechen, der sich nur dann als sinnvoll und zielführend erweist, wenn das für oder von einer Lerngruppe oder einzelnen Lernenden gewählte Medium einen Lernvorteil gegenüber anderen Lernwegen erbringt. Dies kann nur dann gelingen, wenn die Lehrkräfte über die notwendigen Kompetenzen, digitale Medien in den Unterricht zu integrieren und Lernen für die digitale Welt zu gestalten, verfügen. Wichtig ist dafür, dass auf der Ebene der Schule ein Konsens über die Ziele von Unterricht und Unterrichtsentwicklung für das Lernen für die digitale Welt ausgehandelt und festgeschrieben wird. Neben kurzfristigen Zielen, beispielweise einzelne Unterrichtskonzepte zu erproben, gilt es mittelfristig, Unterricht zu modernisieren und neu zu denken. Dabei ist die Förderung des Erwerbs überfachlicher ‚digitaler' Kompetenzen mit der Frage, wie fachliches Lernen durch den Einsatz digitaler Medien gefördert werden kann, zu verbinden. Die Aufarbeitung und Bereitstellung von Unterrichtsbeispielen können hilfreiche Unterstützungsstrukturen bieten.

III. Die Dimension der Personalentwicklung

Die Personalentwicklung ist ein zentraler Baustein für erfolgreiche Schulentwicklungsprozesse zur Integration digitaler Medien in schulische Lehr- und Lernprozesse. Die Kompetenzen und Einstellungen von Lehrkräften einer Schule sind entscheidend für die Gestaltung schulischen Lernens für die digitale Welt. Professionalisierungsmaßnahmen im Sinne von schulischer Personalentwicklung können einerseits innerhalb der Schulen, z. B. durch die gemeinsame Unterrichtsplanung sowie die Ko-Konstruktion von didaktischem Wissen im Kollegium oder in Fachgruppen, realisiert werden. Andererseits erscheinen zusätzlich entsprechende Fortbildungsangebote außerhalb von einzelnen Schulen als notwendige Ergänzung, um schulübergreifend und über den Stand der Schule hinaus über aktuelle technologisch-pädagogische Entwicklungen informiert zu sein und die Personalentwicklung daran anpassen zu können. Dies ist für den Bereich des Lernens für die digitale Welt besonders relevant, da aufgrund technologischer Entwicklungen und sich verändernder gesellschaftlicher Anforderungen singuläre bzw. abgeschlossene Fort- und Weiterbildungen nicht zielführend erscheinen. Als besonders wirksam werden derzeit neben kollegiumsinternen Mikrofortbildungen, also gegenseitige Kurzfortbildungen im Kollegium, die z. B. in der großen Pause oder am Anfang oder Ende einer Lehrerkonferenz durchgeführt werden können, und gegenseitigen Unterrichtsbesuchen und -reflektionen, vor allem auch online-basierte Fortbildungsangebote wie Webinare, die in letzter Zeit verstärkt auch z. B. von den Landesinstituten oder den staatlichen Fortbildungssystemen angeboten werden, wahrgenommen.

IV. Die Dimension der Technologieentwicklung

Die Technologieentwicklung als vierte Dimension, die die klassische Trias der Schulentwicklung um den für den Digitalisierungskontext wichtigen technologischen Bereich ergänzt, bezieht sich auf alle schulischen Entwicklungsprozesse, die die schulische IT-Ausstattung, im Idealfall verbunden mit pädagogischen Konzepten, sowie den technischen und pädagogischen Support betreffen. Dabei sind die schulischen Entscheidungsprozesse im Kontext des Lernens für die digitale Welt im Idealfall von dem Leitgedanken ‚Pädagogik vor Technik' geprägt, wobei sich in letzter Zeit zunehmend der Ansatz bewährt hat, Pädagogik und Technik in den Schulen gleichzeitig statt nacheinander zu denken und zu entwickeln und den Leitsatz „Technik für Pädagogik" zu verfolgen. Die Aufgabe von Einzelschulen besteht darin, dauerhaft schulische Innovationsprozesse so zu gestalten, dass IT-Ausstattungs- und Infrastrukturplanungen vom pädagogischen Leitgedanken getragen werden und die Entscheidungen und Prozesse anknüpfend an die pädagogischen Zielsetzungen der Einzelschule entwickelt werden. Hier die ‚richtigen' Entscheidungen zu treffen, hängt auch von finanziellen Ressourcen sowie der Sicherung dauerhaft entstehender Kosten für Anschaffungen und Support ab. Aus der pädagogischen Perspektive kann die Ausgestaltung schulischer Ausstattungs- und Supportkonzepte für verschiedene Schulen durchaus sehr unterschiedlich sein, was einer Vereinheitlichung von IT-Ausstattung für verschiedene Schulen widerspricht, den Support aber erschwert. Pädagogisch-didaktisch erfolgversprechend erscheinen IT-Ausstattungskonzepte, die auf unterrichtsnahe Verfügbarkeit mit digitalen Medien für einen flexiblen und schülerorientierten Einsatz von neuen Technologien setzen. In diesem Zuge wird immer besser begründbar, dass schülereigene mobile Endgeräte, die auch außerhalb der Schule bzw. des Unterrichts von den Schülerinnen und Schülern genutzt werden können, mit lernförderlichen Vorteilen einhergehen. Döbeli Honegger (2016) formuliert diesbezüglich, dass es unumgänglich erscheint, dass alle Lernenden auf mindestens ein persönliches, digitales, vernetztes Gerät Zugriff haben müssen. Neben der flexiblen Verfügbarkeit („jederzeit") macht er vor allem den Aspekt stark, dass es sich um ein „persönliches" Gerät handeln müsse (vgl. Kap. 3.1.1 zum mobilen Lernen). Nur mit diesem könne den individuellen Bedürfnissen der Lernenden nachgekommen werden; nur dieses könne Teil einer persönlichen Lernumgebung sein. Zur praktischen Umsetzung vgl. Kapitel 3.3.1 und 4.3.1. Dabei müssen die Ausstattung und Zugänglichkeit der Technologien für die Lehrkräfte konsequent mitgedacht werden. Daher ist es für Entscheidungen auf der Ebene der Einzelschulen hinsichtlich der Technologieentwicklung wichtig, die Wünsche und Bedürfnisse der Lehrkräfte zu berücksichtigen. In der aktuellen Diskussion geht die Technologieentwicklung dabei über die Einzelschulebene hinaus. Dies betrifft nicht nur die Frage der Finanzierbarkeit, sondern auch die Bereitstellung von schulübergreifenden Lösungen: Von besonderer Relevanz sind die Ausstattung bzw. Bereitstellung von sicheren Lernplattformen, die Entwicklung und Bereitstellung von OER (Open Educational Resources), die Entwicklung und der Einsatz digitaler Schulbücher sowie die Bereitstellung von datensicheren Cloud-Lösungen.

V. Die Dimension der Kooperationsentwicklung

Die Dimension der Kooperationsentwicklung im Kontext der Digitalisierung bezieht sich sowohl auf innerschulische Kooperationen, z.B. unter Lehrkräften, als auch auf schulische Kooperationen mit schulischen Akteuren und externen Partnern. Schulinterne Kooperationen zwischen Lehrkräften gelten als wichtige Prädiktoren für die erfolgreiche Implementierung neuer Technologien in Schulen und in den Unterricht (Eickelmann, 2013). Hinsichtlich des didaktischen Einsatzes digitaler Medien zeigt sich die Kooperation zwischen Lehrkräften als besonders bedeutsam (Drossel, Schulz-Zander, Lorenz & Eickelmann, 2016; Eickelmann & Schulz-Zander, 2008). Neben der Ko-Konstruktion von didaktischem Wissen erfordert zudem die fortwährende Weiterentwicklung der Technologien die Anpassung an immer neue technische, aber auch pädagogische Anforderungen und Möglichkeiten, die im Team besser bewältigt werden können. Der gegenseitige Austausch mit den Kolleginnen und Kollegen, die Zusammenarbeit zur Entwicklung digital gestützten Unterrichts kann motivierend für die eigene Arbeit wirken. Im gegenseitigen Erfahrungsaustausch können auch Misserfolge besser überwunden werden und als Teil des professionellen Lernprozesses eingeordnet werden. Die Vernetzung in und von Schulen sowie Kooperationen mit weiteren schulischen Akteuren scheinen zudem zielführend für schulische Entwicklungsprozesse und die Entwicklung der eigenen professionellen Kompetenzen zu sein. Hier ist die Zusammenarbeit mit anderen Schulen, vor allem in schulischen Netzwerken, regionalen Netzwerken für die Gesamtplanung schulischer Digitalisierungsprozesse entlang von Übergängen zwischen Schulstufen, aber auch die planmäßige Zusammenarbeit mit Schulträgern anzuführen. Je nach Schulform und Ausrichtung können sich auch besondere Potenziale aus Kooperationen mit außerschulischen Akteuren ergeben.

Fazit

Um das ‚Lernen für die digitale Welt' auf der Einzelschulebene erfolgreich und nachhaltig zu gestalten, bedarf es Entwicklungsprozesse, die alle fünf Dimensionen der Schulentwicklung im Kontext der Digitalisierung berücksichtigen. Hierzu gehören die Organisationsentwicklung, die Unterrichtsentwicklung, die Personalentwicklung, die Technologieentwicklung und die Kooperationsentwicklung. Die Dimensionen sind interdependent und eine Fokussierung auf nur eine Dimension, z.B. nur auf die Ebene des Unterrichts, führt nicht zu dauerhaften Veränderungen, die im Ergebnis alle Schülerinnen und Schüler erreichen. Für Lehrkräfte ist es wichtig, sich an allen Prozessen zu beteiligen und ein Verständnis davon zu entwickeln, dass das Gelingen schulischer Digitalisierungsprozesse davon abhängt, wie die Entwicklungsprozesse in den fünf Dimensionen aufeinander abgestimmt werden und ineinandergreifen können.

2.1.3 Gestaltung des Lernens für die digitale Welt im System Schule

Versteht man die Entwicklung von Schule als Mehrebenensystem, so sind für zukunftsfähige Entwicklungsprozesse für ein Lernen für die digitale Welt – anknüpfend an klassische Schulqualitätsmodelle – Modelle, die über die spezifischen Entwicklungen in der einzelnen Schule hinausgehen, wichtig. Diese berücksichtigen nicht nur die schulische Prozessebene, sondern integrieren Kontext- und Inputfaktoren sowie den schulischen Output, sowohl verstanden als Output der Einzelschule als auch als Grundlage für Erfolg von Schulsystemen insgesamt. Im Klartext heißt das: Schulen und das Gelingen schulischer Arbeit insgesamt, aber vor allem auch in Bezug auf das Lernen in der digitalen Welt, kann nur auf der Prozessebene von den Schulen und damit von den Lehrkräften selbst bearbeitet werden. Was in Schule hineingesteckt wird, z.B. Ressourcen und Vorgaben, ist als schulischer Input in diesen Modellen zu verstehen. Dabei sind Schulen in einen Kontext eingebettet, den die Schulen selbst nicht verändern können. Handlungsspielraum haben sie also nur auf der Prozessebene. Nur auf dieser Ebene können sie den Ertrag des Lernens, den Output, beeinflussen. Für den Bereich der Digitalisierung werden auf allen Ebenen Kontext, Input und Prozess besondere Faktoren wirksam und auch der Output von Schule ist im Hinblick auf das Lernen für die digitale Welt neu zu definieren. Gut geeignet sind zum Verständnis, wie die Gestaltung des Lernens für die digitale Welt im System Schule gelingt, Modelle, die alle Faktoren zusammentragen.

Das Modell von Eickelmann und Drossel (2019) (siehe Abbildung 3) für digitalisierungsbezogene Entwicklungsprozesse in Schulsystemen berücksichtigt relevante nationale Vorarbeiten (Eickelmann & Schulz-Zander, 2008; Lorenz & Bos, 2017) sowie internationale Modelle (Biagi & Loi 2013; Fraillon et al., 2014; Fraillon et al., 2019) und ordnet die relevanten Prädiktoren den einzelnen Ebenen zu. Schulischer Output wird, auch im Sinne des Lernens für die digitale Welt, unterschieden in fachliche und überfachliche Kompetenzen, gesellschaftliche Teilhabe, beruflichen Erfolg sowie die Befähigung der Schülerinnen und Schüler zum lebenslangen Lernen in einer von Digitalisierung geprägten Welt.

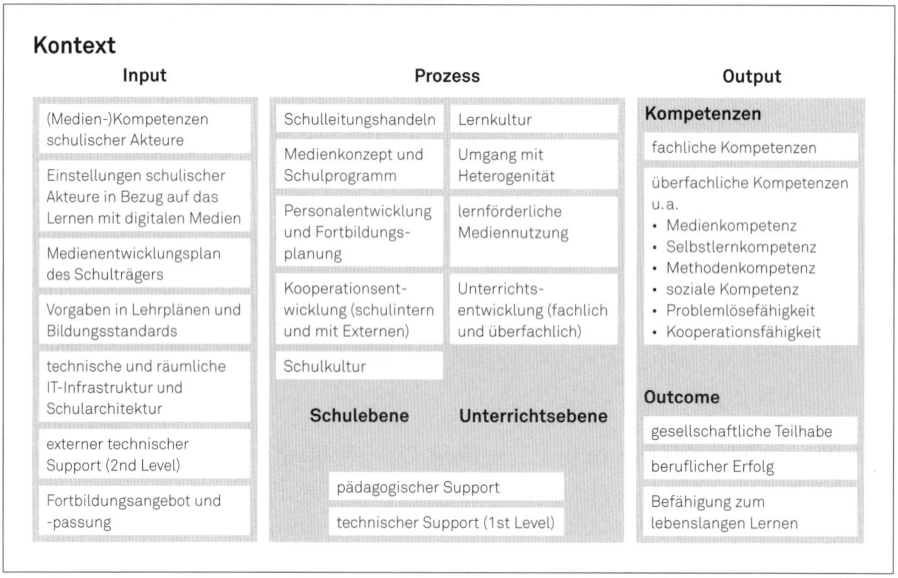

Abbildung 3: Modell zur Schulqualität als Zielperspektive digitalisierungsbezogener Schulreformen (Eickelmann & Drossel, 2019)

Der Inputebene werden in dem Modell zur Schulqualität als Zielperspektive digitalisierungsbezogener Schulreformen diejenigen Faktoren zugeordnet, die nur in einem vergleichsweise geringen Ausmaß von der Schule selbst gesteuert bzw. beeinflusst werden können, allerdings die Prozesse auf der Schul- und Unterrichtsebene, wie die lernförderliche Nutzung digitaler Medien im Unterricht, in einem nicht unerheblichen Maße beeinflussen. Hierzu zählen individuelle Voraussetzungen der Beteiligten, insbesondere die digitalisierungsbezogenen Kompetenzen aller schulischen Akteure sowie deren Einstellungen in Bezug auf das Lernen für die digitale Welt. Der Inputebene sind aber auch beispielweise administrative Vorgaben zuzuordnen, die von außen an die Schulen herangetragen werden, wie der Medienentwicklungsplan des Schulträgers, Lehrpläne oder Bildungsstandards zuzuordnen. Weitere Faktoren auf der Inputebene beziehen sich auf die schulische IT-Ausstattung und auf den externen technischen Support. Darüber hinaus lassen sich Fortbildungsangebote und deren Passung auf die Bedarfe der Schulen als relevante Faktoren auf der Inputebene identifizieren.

Bezogen auf die Prozessebene lässt sich, anknüpfend an vorliegende Schulqualitätsmodelle (Lorenz & Bos, 2017), zwischen der Schul- und der Unterrichtsebene differenzieren, die allerdings eng miteinander verknüpft sind. Eine besondere Aufgabe auf der schulischen Prozessebene kommt hier der Schulleitung zu (Gerick et al., 2016), die im Rahmen des IT-Managements sowohl Ausgangspunkt von Innovationsprozessen ist als auch moderierend schulische Entwicklungsprozesse begleitet und Einzelaktivitäten in einen gesamtschulischen Rahmen integriert. Weiterhin sind auf der schulischen Prozessebene das Medienkonzept sowie das Schulprogramm verortet, aus denen der gemeinsame und verbindliche medienpädagogische und mediendidaktische Ansatz der Schule hervorgeht. Weitere relevante Aspekte auf der Prozessebene sind die Personalentwicklung und Fortbildungsplanung, die schulinterne und die externe Kooperationsentwicklung sowie die Schulkultur. Auf der unterrichtlichen Prozessebene kommt, neben der lernförderlichen unterrichtlichen Mediennutzung, der Lernkultur der beteiligten Akteure, dem Umgang mit Heterogenität sowie der fachlichen und überfachlichen Unterrichtsentwicklung eine entscheidende Rolle zu. Zudem sind der bedarfsorientierte medienpädagogische Support für die Lehrkräfte und auch der schulintern organisierte technische Support (1st-Level-Support) sowohl für die Prozesse auf der Schulebene als auch auf der Unterrichtsebene wichtige Stellschrauben, um erfolgreich Innovationsprozesse im Kontext des Lernens für die digitale Welt in der Schule umzusetzen.

Fazit

Für das Gestalten des Lernens für die digitale Welt können Schulen ihren Handlungsspielraum auf der Prozessebene von Schule nutzen. Inputbedingungen in einem Mehrebenenverständnis von Schulqualität beeinflussen diese Prozesse, sind aber von den Schulen nicht veränderbar. Ziel schulischer Arbeit ist es daher, unter den Inputbedingungen durch die Gestaltung der Prozessebene – bestehend aus der Schul- und Unterrichtsebene – die Ebene des schulischen Outputs bestmöglich zu gestalten und damit nicht nur die fachlichen und überfachlichen Kompetenzen aller Schülerinnen und Schüler für das Lernen in der digitalen Welt zu optimieren, sondern auch gesellschaftliche Teilhabe, beruflichen Erfolg und die Befähigung zum lebenslangen Lernen in einer von Digitalität geprägten Welt zu ermöglichen.

Die Zielperspektive schulischer Arbeit auf der Outputebene bilden damit vor allem die Kompetenzen der Schülerinnen und Schüler, wobei in der aktuellen

Diskussion insbesondere diese für ein erfolgreiches ‚Lernen für eine digitale Welt' als maßgeblich eingeschätzt werden. Diese werden mit dem Fokus auf ‚digitale' Kompetenzen im folgenden Abschnitt (Abschnitt 2.1.4) zunächst anhand von verschiedenen Modellen erläutert und nachfolgend anhand ausgewählter Forschungsbefunde ausgeführt (Abschnitt 2.2), um daraus in Abschnitt 2.3 Handlungsoptionen und konkrete Umsetzungen für die schulische Arbeit abzuleiten.

2.1.4 Kompetenzmodelle zum Lernen für die digitale Welt

Angestoßen durch die Strategie ‚Bildung in der digitalen Welt' der Kultusministerkonferenz (KMK, 2016) beziehen die bundesländerübergreifenden Diskussionen in Deutschland seit einigen Jahren nunmehr das Lernen in der digitalen Welt unter dem Aspekt des Erwerbs digitaler Kompetenzen bzw. von sogenannten Kompetenzen in der digitalen Welt ein. Dabei unterscheidet die KMK (2016) sechs Kompetenzbereiche:

1. Suchen, Verarbeiten und Aufbewahren,
2. Kommunizieren und Kooperieren,
3. Produzieren und Präsentieren,
4. Schützen und sicher Agieren,
5. Problemlösen und Handeln,
6. Analysieren und Reflektieren.

Das Modell der KMK integriert dazu drei zum Zeitpunkt der Entwicklung der KMK-Strategie entwickelte Kompetenzmodelle, darunter auch das Modell der computer- und informationsbezogenen Kompetenzen, das empirisch auf der Grundlage der ICILS-2013-Studie entwickelt wurde (Bos et al., 2014) und auch der Studie ICILS 2018 zugrunde liegt. Die computer- und informationsbezogenen Kompetenzen (im Englischen: *computer and information literacy*, kurz: CIL) werden in ICILS 2018, wie schon im Rahmen von ICILS 2013, als individuelle Fähigkeiten einer Person definiert, die es ihr erlauben, digitale Medien zum Recherchieren, Gestalten und Kommunizieren von Informationen zu nutzen und diese zu bewerten, um am Leben im häuslichen Umfeld, in der Schule, am Arbeitsplatz und in der Gesellschaft erfolgreich teilzuhaben.

Anna-Lena aus dem Beispiel oben macht vor dem Hintergrund des Messkonstruktes der ICILS-2018-Studie einen durchaus kompetenten Eindruck. Sie nutzt digitale Medien selbstverständlich sowohl für die Schule als auch für die Freizeit. Ob sie beim Googlen für den Geschichtsunterricht aber etwas lernt und die Informationen gewinnbringend verarbeitet, kann man nicht abschließend sagen. Im Sportunterricht scheint sie die Informationen aus dem Internet gut zu nutzen und gestalterisch umzusetzen. In der Kommunikation ist sie in verschiedenen Umgebungen sehr aktiv, ob sie dabei an Datensicherheit denkt und sich Gedanken zu dem Umgang mit ihren Daten und Daten anderer macht, kann man anhand des obigen Beispiels nicht erkennen. Vermutlich braucht Anna-Lena hier über die reinen, größtenteils vermutlich selbsterlernten Anwendungskompetenzen hinaus Anregungen in der Schule, diese Kompetenzen gezielt zu erweitern. Mit diesen Kompetenzen müssten dann die Eltern auch nicht das WLAN abschalten. Anna-Lena könnte ihre Mediennutzung selbst regulieren. Wie hoch ihre tatsächlichen computer- und informationsbezogenen Kompetenzen sind, kann man anhand des Beispiels und der Einblicke natürlich nicht abschließend sagen. Dafür braucht man einen Kompetenztest. Das ist der Ansatz, den die Studie ICILS verfolgt und es zeigt sich, dass längst nicht alle Jugendlichen über die oben beschriebenen Kompetenzen verfügen (siehe unten), auch wenn sie in einer von digitalen Medien geprägten Welt aufgewachsen sind.

Dabei werden im Rahmen der Studie ICILS 2018 im Konstrukt der computer- und informationsbezogenen Kompetenzen die zwei in ICILS 2013 betrachteten Teilbereiche differenzierter aufgeschlüsselt und in ICILS 2018 nun in vier Teilbereichen dargestellt. So wird vor allem der Entwicklung Rechnung getragen, dass der Bereich der ‚Digitalen Kommunikation' (Teilbereich IV) als zunehmend relevanter gilt.

Teilbereiche computer- und informationsbezogener Kompetenzen in ICILS

Teilbereich I: Über Wissen zur Nutzung von Computern verfügen
I.1 Grundlagen der Computernutzung kennen und verstehen
I.2 Grundlegende Konventionen der Computernutzung kennen, verstehen und anwenden

Teilbereich II: Informationen sammeln und organisieren
II.1 Auf Informationen zugreifen und Informationen bewerten
II.2 Informationen verarbeiten und organisieren

Teilbereich II: Informationen erzeugen
III.1 Informationen umwandeln
III.2 Informationen erzeugen

Teilbereich IV: Digitale Kommunikation
VI.1 Informationen austauschen
VI.2 Informationen verantwortungsvoll und sicher nutzen

Dieser neue Kompetenzbereich wird im Rahmen der ICILS-Studien mittels computerbasierter Tests für Schülerinnen und Schüler seit 2013 im Fünfjahresabstand erfasst und bildet damit im internationalen Vergleich eine zuverlässige Datengrundlage für die tatsächlichen ‚digitalen' Kompetenzen von Schülerinnen und Schülern.

2.2 Aktuelle Forschungsbefunde

Bisherige Studien machen deutlich, dass die Idee, dass Kinder und Jugendliche, die in einer digital geprägten Welt aufwachsen und in einer Mediengesellschaft leben, nicht automatisch ‚digital natives' sind. Vielmehr zeigt sich, dass die für das ‚Lernen in der digitalen Welt' und auch die für das Leben und spätere Arbeiten benötigten Kompetenzen durchaus ungleich verteilt sind und zudem in Deutschland im internationalen Vergleich bisher nur durchschnittlich ausgeprägt sind. Diese Einschätzung teilen auch die Schülerinnen und Schüler selbst und wünschen sich mehr Unterstützung durch die Schule und schulisches Lernen, um diese Kompetenzen für die digitale Welt erwerben zu können. So war ein zentrales Ergebnis der DIVSI-Studie (Deutsches Institut für Vertrauen und Sicherheit im Internet [DIVSI], 2018), dass Jugendliche in Deutschland sich nur unzureichend durch die Schule auf ihre digitale Zukunft vorbereitet fühlten.

2.2.1 Kompetenzstände ‚digitaler' Kompetenzen

Während vielfach immer noch davon ausgegangen wird, dass alle Kinder und Jugendlichen allein durch ihr Aufwachsen in der digitalen Welt über alle zukünftig benötigten Kompetenzen verfügen, zeigen insbesondere die Ergebnisse der ICILS-

	Teilnehmer	M	(SE)	(SD)	(SE)	
[2]	Dänemark	553	(2,0)	66	(1,4)	▲
	Moskau	549	(2,2)	68	(1,5)	▲
	Republik Korea	542	(3,1)	95	(1,8)	▲
	Finnland	531	(3,0)	81	(2,4)	▲
[4]	USA	519	(1,9)	81	(1,2)	■
	Deutschland	**518**	**(2,9)**	**80**	**(2,9)**	–
[2]	Portugal	516	(2,6)	71	(1,8)	■
	Nordrhein-Westfalen	515	(2,6)	75	(2,1)	■
	VG EU	**509**	**(0,9)**	**78**	**(0,8)**	▼
	Frankreich	499	(2,3)	80	(2,2)	▼
	Internationaler Mittelwert	**496**	**(1,0)**	**85**	**(0,7)**	▼
	Luxemburg	482	(0,8)	84	(0,8)	▼
	Chile	476	(3,7)	83	(2,5)	▼
[1] [5]	Italien	461	(2,8)	82	(1,7)	▼
	Uruguay	450	(4,3)	101	(2,0)	▼
[2]	Kasachstan	395	(5,4)	106	(3,2)	▼

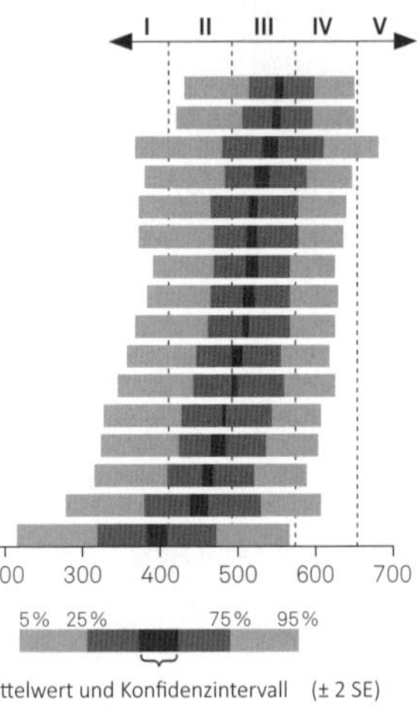

▲ Teilnehmer, die signifikant über dem Mittelwert von Deutschland liegen (p<.05).
■ Kein signifikanter Unterschied zum Mittelwert in Deutschland
▼ Teilnehmer, die signifikant unter dem Mittelwert von Deutschland liegen (p<.05)

Kursiv gesetzt sind die Benchmark-Teilnehmer.
[1] Unterschreitung des Mindestdurchschnittsalters der Schülerinnen und Schüler von 13.5 Jahren.
[2] Die Gesamtausschlussquote liegt über 5%.
[4] Die Schüler- und Schulgesamtteilnahmequote liegt unter 75%.
[5] Abweichender Erhebungszeitraum.

IEA: International Computer and Information Literacy Study 2018

© ICILS 2018

Abbildung 4: Internationaler Vergleich digitaler Kompetenzen (in Anlehnung an Eickelmann, Bos, Gerick & Labusch, 2019, S. 123)

2018-Studie (Eickelmann et al., 2019), dass dies nicht der Fall ist. So fallen die mittleren computer- und informationsbezogenen Kompetenzen, die häufig auch kurz als ‚digitale' Kompetenzen bezeichnet werden, (kurz: CIL; computer and information literacy) der Achtklässlerinnen und Achtklässler in Deutschland mit 518 Punkten im mittleren Bereich der Länderrangreihe des internationalen Vergleichs aus (vgl. Abbildung 4 und 5). Jugendliche in Deutschland verfügen also im internationalen Vergleich im Mittel nur über durchschnittliche Kompetenzen im reflektierten Umgang mit digitalen Medien und digitalen Informationen. Dabei schließen die in der Studie ICILS betrachteten Kompetenzen sowohl rezeptive als auch produktive Kompetenzen ein und beziehen sich auch auf kommunikative Aspekte digitaler Kompetenzen. Als Beispiel für eine rezeptive Kompetenz wäre das Suchen, Finden und Bewerten von Informationen aus dem Internet zu nennen. Die produktiven Kompetenzen werden im Rahmen der Studie ICILS durch das Erstellen digitaler Produkte getestet, z. B. die Erstellung einer digitalen Präsentation zu einem Unterrichtsthema oder eines digitalen Posters, z. B. für ein schulisches Sportangebot.

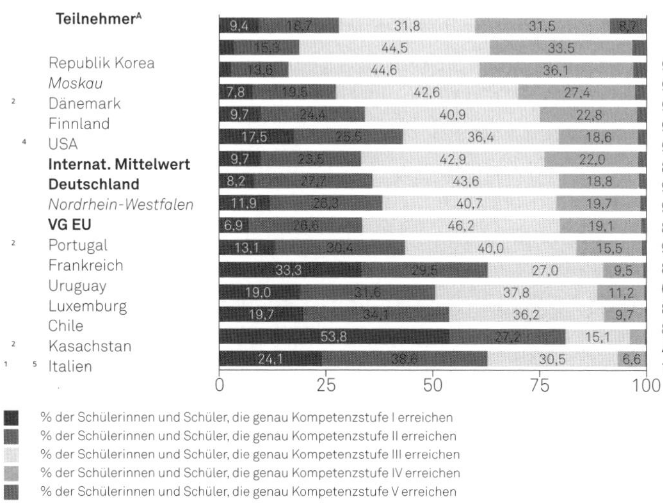

Anteil (%) der Schülerinnen und Schüler, der mindestens diese Kompetenzstufe erreicht

Teilnehmer^A	II %	III %	IV %	V %
Republik Korea	90,6	72,0	40,2	8,7
Moskau	96,7	81,4	36,9	3,4
² Dänemark	97,4	83,8	39,2	3,1
Finnland	92,2	72,7	30,1	2,7
⁴ USA	90,3	65,9	25,0	2,3
Internat. Mittelwert	82,5	57,0	20,6	2,0
Deutschland	90,3	66,8	23,9	1,9
Nordrhein-Westfalen	91,8	64,2	20,6	1,8
VG EU	88,1	61,9	21,2	1,5
² Portugal	93,1	66,5	20,3	1,1
Frankreich	86,9	56,5	16,5	1,0
Uruguay	66,7	37,2	10,3	0,8
Luxemburg	81,0	49,5	11,7	0,5
Chile	80,3	46,2	10,0	0,4
² Kasachstan	46,2	19,0	3,9	0,3
¹ ⁵ Italien	75,9	37,3	6,8	0,2

Kursiv gesetzt sind die Benchmark-Teilnehmer
1 Unterschreitung des Mindestdurchschnittsalters der Schülerinnen und Schüler von 13.5 Jahren.
2 Die Gesamtausschlussquote liegt über 5 %.
4 Die Schüler- und Schulgesamtteilnahmequote liegt unter 75 %.
5 Abweichender Erhebungszeitraum.
A Differenzen zu 100 % sind im Rundungsverfahren begründet.

IEA: International Computer and Information Literacy Study 2018 **© ICILS 2018**

Abbildung 5: Internationaler Vergleich zur Verteilung der Kompetenzstufen (in Anlehnung an Eickelmann, Bos, Gerick & Labusch, 2019, S. 126)

Betrachtet man die Verteilung der in der Studie gebildeten Kompetenzstufen, so werden große Unterschiede zwischen den computer- und informationsbezogenen Kompetenzen der Jugendlichen deutlich: Die Leistungsspitze und damit der Anteil der Achtklässlerinnen und Achtklässler, der Kompetenzen im Bereich der fünften und höchsten Kompetenzstufe erreicht, ist auch in ICILS 2018, wie schon 2013, äußerst gering (1.9 %). Zudem zeigen sich erneut besorgniserregende und statistisch unverändert hohe Anteile auf den unteren beiden Kompetenzstufen I und II (33.2 %). Die Jugendlichen, die nur Kompetenzen im Bereich dieser beiden unteren Kompetenzstufen erreichen, verfügen lediglich über sehr rudimentäre und basale computer- und informationsbezogene Kompetenzen. Diese Schülerinnen und Schüler können beispielsweise nur einen Link anklicken, aber die dahinterliegenden Informationen nicht reflektiert einordnen oder ein Wort in einem Textdokument bearbeiten und keinen adressatengerechten, strukturierten oder schön und sinnvoll formatierten Text am Computer schreiben.

Mädchen erreichen in Deutschland im Mittel 526 Leistungspunkte und Jungen 511 Leistungspunkte in den computer- und informationsbezogenen Kompetenzen. Die mittlere Leistungsdifferenz von gerundet 16 Punkten ist signifikant und entspricht der Leistungsdifferenz, die in ICILS 2013 bereits festgestellt wurde. Die Vergleiche der Kompetenzstände für Deutschland weisen deutliche Unterschiede zuungunsten von Jugendlichen aus sozioökonomisch weniger privilegierten Elternhäusern auf (für den Indikator kulturelles Kapital: 49 Punkte bzw. Indikator HISEI: 51 Punkte). Diese Differenzen unterscheiden sich nicht signifikant von den entsprechenden Differenzen in ICILS 2013 (45 Punkte bzw. 52 Punkte) und dokumentieren für Deutschland eine enge Kopplung zwischen dem Bildungserfolg im Bereich der computer- und informationsbezogenen Kompetenzen und dem sozioökonomischen Status der Schülerfamilien. In Deutschland lassen sich zudem für Achtklässlerinnen und Achtklässler ohne Zuwanderungshintergrund signifikant höhere mittlere computer- und informationsbezogene Kompetenzen (534 Punkte) feststellen als für gleichaltrige Jugendliche, von denen beide Elternteile im Ausland geboren sind (494 Punkte). Diese Leistungsdifferenz von 40 Punkten unterscheidet sich nicht signifikant von der entsprechenden Leistungsdifferenz in ICILS 2013 (39 Punkte) und bleibt im Rahmen von ICILS 2018 für den Indikator ‚Familiensprache' auch unter Kontrolle der sozialen Lage signifikant. Dieser Befund, dass die zu Hause gesprochene Sprache einen Einfluss auf die digitalen Kompetenzen von Kindern und Jugendlichen hat, ist für Schulen wichtig zu beachten. Dabei ist zu berücksichtigen, dass die Tests in der Testsprache ‚Deutsch' eingesetzt wurden. Ob bei einigen Schülerinnen und Schülern die Testleistungen vielleicht höher ausgefallen wären, wenn die Testumgebungen in ihrer Familiensprache vorgelegen hätten, kann mit der ICILS-2018-Studie leider nicht geprüft werden. Sicher ist aber, dass viele Kinder und Jugendliche mit Migrationshintergrund in ihrer Freizeit digitale Medien in ihren Familiensprachen nutzen. Hier könnten auch Potenziale für das schulische Lernen liegen, die aber bisher noch kaum von Schulen genutzt werden.

Fazit

Für die Förderung digitaler Kompetenzen von Schülerinnen und Schülern bietet es sich an, sich an Kompetenzmodellen zu orientieren. Aufbauend auf dem 2016er-Modell der KMK haben viele Bundesländer eigene Modelle weiterentwickelt oder auch das KMK-Modell mit den sechs Kompetenzbereichen übernommen. Bei der Förderung digitaler Kompetenzen ist es auf der Schulebene wichtig, alle Schülerinnen und Schüler zu erreichen und das unterschiedliche Vorwissen sowie die unterschiedlichen Lernmöglichkeiten zu Hause zu berücksichtigen.

2.2.2 Perspektiven der Schülerinnen und Schüler auf ihre Zukunft in der digitalen Welt

Dabei haben schulische Sozialisation und schulisches Lernen für die digitale Welt nicht nur Einfluss auf die Kompetenzen der Schülerinnen und Schüler, sondern auch auf ihre Perspektiven, auf ihre eigene Zukunft in der digitalen Welt sowie auf ihre Sichtweisen auf die Einschätzung der gesellschaftlichen Relevanz der Digitalisierung.

Im Rahmen der ICILS-2018-Studie (vgl. Abbildung 6) zeigt sich für die Achtklässlerinnen und Achtklässler in Deutschland, dass mehr als die Hälfte (55.8 %) der Jugendlichen angibt, *zu hoffen, einen Arbeitsplatz zu finden, der die Arbeit mit fortschrittlichen Technologien beinhaltet* (internationaler Mittelwert: 51.2 %, signifikant niedriger als in Deutschland). Ein ähnlich hoher Zustimmungsanteil findet sich mit etwa der Hälfte (49.3 %) der Jugendlichen in Deutschland hinsichtlich der Aussage, *zu lernen, wie man IT-Anwendungen nutzt, werde ihnen helfen, die Arbeit auszuüben, die sie interessiert* (internationaler Mittelwert: 67.9 %, signifikant höher als in Deutschland). Zudem äußert weniger als ein Drittel (32.7 %) der Jugendlichen in Deutschland den Wunsch, *nach der Schule Fächer mit IT-bzw. Technologiebezug belegen oder studieren zu wollen* (internationaler Mittelwert: 49.2 %, signifikant höher als in Deutschland). Für diese Einschätzungen ergeben sich jedoch erhebliche geschlechterspezifische Disparitäten, die zeigen, dass Jungen sich eher ihre berufliche Zukunft ‚digital' vorstellen können (Gerick, Massek, Eickelmann & Labusch, 2019).

Im Gesamtbild für Deutschland zeigt sich zudem (Abbildung 7), dass mehr als vier Fünftel (84.3 %) der Jugendlichen angeben, *dass Fortschritte der digitalen Medien die Lebensbedingungen der Menschen verbessere* (internationaler Mittelwert: 85.3 %, kein signifikanter Unterschied zu Deutschland). Ebenfalls mehr als vier Fünftel (81.8 %) der Jugendlichen in Deutschland stimmen der Aussage zu, *dass digitale Medien helfen, die Welt besser zu verstehen* (internationaler Mittelwert: 85.7 %, signifikant höher als in Deutschland). Immerhin noch fast drei Viertel (74.4 %) der

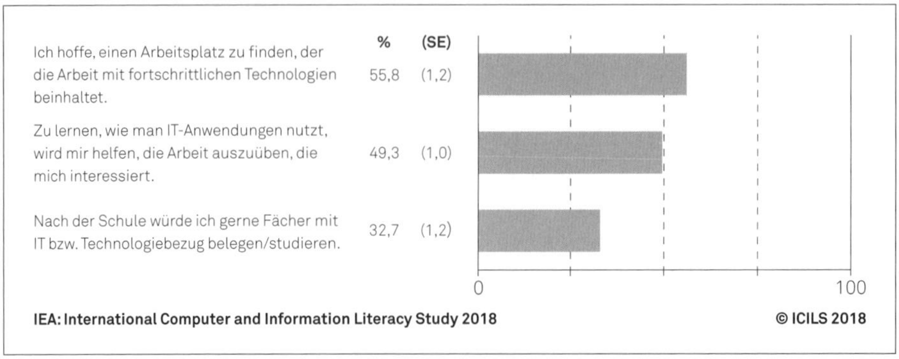

Abbildung 6: Einschätzung der Relevanz digitaler Medien für die berufliche Zukunft (Angaben der Schülerinnen und Schüler in Prozent, zusammengefasste Kategorie *Zustimmung*) (in Anlehnung an Eickelmann & Labusch, 2020, S. 117)

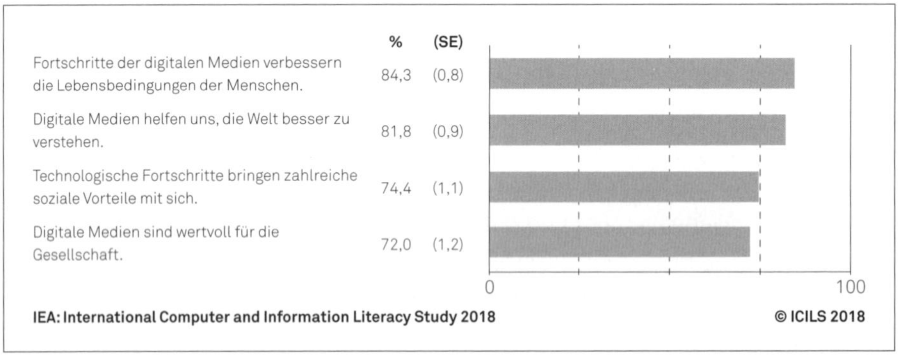

Abbildung 7: Positive Einschätzung der Relevanz digitaler Medien für die Gesellschaft (Angaben der Schülerinnen und Schüler in Prozent, zusammengefasste Kategorie *Zustimmung*) (in Anlehnung an Eickelmann & Labusch, 2020, S. 117)

Jugendlichen in Deutschland stimmen zu, *dass technologische Fortschritte zahlreiche soziale Vorteile mit sich bringen* (internationaler Mittelwert: 82.7 %, signifikant höher als in Deutschland). Außerdem äußern sich deutlich mehr als zwei Drittel (72.0 %) der Jugendlichen in Deutschland zustimmend positiv zu der Aussage, *digitale Medien seien wertvoll für die Gesellschaft* (internationaler Mittelwert: 83.9 %, signifikant höher als in Deutschland).

Auch hierbei ist vorab anzumerken, dass es Unterschiede zwischen Mädchen und Jungen hinsichtlich der Einschätzungen gibt: Jungen sehen eher Vorteile in digitalen Medien, wohingegen Mädchen digitalen Medien eher skeptisch gegenüberstehen (Gerick, Massek, Eickelmann & Labusch, 2019).

Ein Großteil der Jugendlichen verbindet aber Sorgen und mögliche negative Folgen mit der Digitalisierung (vgl. Abbildung 8). Mehr als vier Fünftel (82.9 %) der

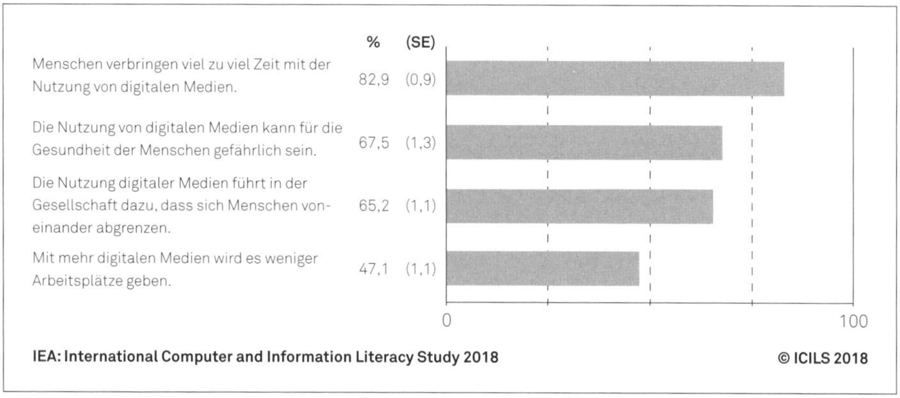

Abbildung 8: Negative Einschätzung der Relevanz digitaler Medien für die Gesellschaft (Angaben der Schülerinnen und Schüler in Prozent, zusammengefasste Kategorie *Zustimmung*) (in Anlehnung an Eickelmann & Labusch, 2020, S. 117)

Jugendlichen in Deutschland geben aber auch an, dass die Menschen ihrer Ansicht nach *viel zu viel Zeit mit der Nutzung von digitalen Medien verbringen* (internationaler Mittelwert: 80.1 %, signifikant niedriger als in Deutschland). Mehr als zwei Drittel (67.5 %) der Jugendlichen in Deutschland stimmen der Aussage zu, *digitale Medien könnten für die Gesundheit der Menschen gefährlich sein* (internationaler Mittelwert: 69.2 %, kein signifikanter Unterschied zu Deutschland). Auch geben fast zwei Drittel (65.2 %) der Jugendlichen in Deutschland an, *die Nutzung digitaler Medien führe in der Gesellschaft dazu, dass sich Menschen voneinander abgrenzen* (internationaler Mittelwert: 65.8 %, kein signifikanter Unterschied zu Deutschland). Immerhin noch fast die Hälfte (47.1 %) der Jugendlichen in Deutschland stimmt der Aussage zu, *mit mehr digitalen Medien werde es weniger Arbeitsplätze geben* (internationaler Mittelwert: 51.7 %, signifikant höher als in Deutschland).

Fazit

In Deutschland verbinden, im Vergleich zu anderen Ländern, viele Schülerinnen und Schüler die Digitalisierungsprozesse in der Gesellschaft und auf dem Arbeitsmarkt noch nicht mit eigenen Zukunftsperspektiven. Hier ist Schule eine wichtige Instanz, sie auf eine Zukunft, die noch keiner kennt, aber die sicherlich von Digitalisierung geprägt sein wird, vorzubereiten und sie, unabhängig von Geschlecht und häuslicher Sozialisation, zu ermutigen, für sich Zukunfts-, Arbeits- und Lebensperspektiven zu entwickeln.

2.3 Handlungsoptionen und konkrete Umsetzung

Das ‚Lernen für die digitale Welt' gewinnt vor dem Hintergrund gesellschaftlicher Veränderungen und dem auch in der Corona-Pandemie-Zeit wahrgenommenen Digitalisierungsschub weiterhin an Relevanz. In Anbetracht der übergeordneten Funktionen von Schule (u.a. Wiater, 2013) sind dabei zwei Perspektiven einzunehmen: die Perspektive des Individuums und damit der Lernenden und die gesellschaftliche Perspektive. Beide Sichtweisen gilt es in ihrem Spannungsfeld durch schulische Arbeit auch in Zeiten der Digitalisierung zu verbinden. Bezogen auf die Perspektive der Lernenden, also der Kinder und Jugendlichen, bestehen die Anforderungen darin, digitale Möglichkeiten so in Schulen zu nutzen, dass die individuellen Lernprozesse und fachlichen wie überfachlichen Lernergebnisse der Lernenden bestmöglich unterstützt werden (vgl. Kap. 3.1.1). Aus gesellschaftlicher Perspektive erscheint es auch vor dem Hintergrund der dargestellten Forschungsbefunde wichtig, die heranwachsende Generation auf ihren Alltag, ihr Leben und auf die zukünftige Arbeitswelt vorzubereiten, sodass alle Schülerinnen und Schüler von den technologischen und gesellschaftlichen Entwicklungen profitieren können und hier für sich einen Weg finden. Kritischer und kompetenter Umgang mit digitalen Medien und der reflektierte Umgang mit Informationen in digitalen Räumen sind wichtige Kompetenzen, den gesellschaftlich-demokratischen Zusammenhalt zu stärken. Daher ist es sowohl aus der Perspektive des Individuums als auch aus der Perspektive der Gesellschaft wichtig, alle Schülerinnen und Schüler zu befähigen kritisch, kompetent, reflektiert und produktiv mit den digitalen Möglichkeiten umzugehen.

2.3.1 Die Prozessebene Schule und Unterricht für das Lernen für die digitale Welt gestalten und den Handlungsspielraum auf dieser Ebene nutzen

Der Handlungsspielraum für Schulen, Lernen für die digitale Welt zu gestalten, ergibt sich auf der Prozessebene von Schule und Unterricht. Die Ausgestaltung kann dann nachhaltig und zukunftsorientiert erfolgen, wenn alle fünf Dimensionen der Schulentwicklung bearbeitet werden und zudem die Zielperspektiven des Lernens für die digitale Welt verfolgt werden. Dabei ist es wichtig, die Digitalisierungsprozesse nicht losgelöst von anderen jeweils aktuellen schulischen Herausforderungen, z.B. die Entwicklungen im Bereich der Inklusion, zu bearbeiten.

Folgende Fragestellungen sind für die Nutzung des Handlungsspielraumes von Schulen wichtig und können als Leitfragen im Rahmen von Schulentwicklungsprozessen checklistenartig bearbeitet und ergänzt werden:

- Wie ist das ‚Lernen für die digitale Welt' in schulische Programme und Konzepte der eigenen Schule integriert?

- Welchen Beitrag leistet das ‚Lernen für die digitale Welt' zur Schulkultur der eigenen Schule?
- Wie wird das Kollegium und das weitere schulische Personal im Kontext der schulischen Personalentwicklung so (weiter-)qualifiziert, dass es den neuen Anforderungen gerecht wird und diese für die eigene Schule ausgestaltet werden kann?
- Wie nehmen die Schulleitung bzw. das Schulleitungsteam neue, digitalisierungsbezogene Schulentwicklungs- und Führungsaufgaben wahr?
- Wie werden schulische Lehr- und Lernprozesse gestaltet und welche Absprachen gibt es dazu im Kollegium?
- Werden alle Schülerinnen und Schüler der eigenen Schule tatsächlich erreicht, in ihren digitalen Kompetenzen gefördert und wie wird das sichergestellt?

2.3.2 Die Besonderheit der Gestaltung des Lernens für die digitale Welt berücksichtigen

Schulische Innovationsprozesse im Zuge der Digitalisierung weisen spezifische Charakteristika auf, die einerseits besonders herausfordernd sind. Andererseits können Schulen aber nur dann erfolgreich in der Gestaltung ihrer Schul- und Unterrichtsentwicklungsprozesse sein, wenn diese Charakteristika bekannt sind und durch die Entwicklung von Metastrukturen der Innovationsgestaltung berücksichtigt werden. Dazu gehört es, in der schulischen Arbeit zu berücksichtigen, dass sich die schulische Innovation ‚Digitalisierung' im Verlauf des Innovationsprozesses verändert. Dies ist nicht zuletzt durch die ständigen technologischen Veränderungen und die damit verbundenen, immer neuen pädagogischen Möglichkeiten begründet, die es jeweils im Einzelfall hinsichtlich ihrer Nützlichkeit und Wirksamkeit für die schulische Arbeit und die Gestaltung von Lehr- und Lernprozessen zu prüfen gilt. Weiterhin sind Innovationen im Bereich ‚Digitalisierung' besonders ressourcenintensiv. Dies betrifft nicht nur die offensichtlichen Anschaffungskosten für Hard- und Software sowie für die Breitbandanbindung, sondern auch die Ressource pädagogischer Expertise und Konzeptentwicklung, also die Ressource ‚Zeit' und damit insbesondere zeitliche Kapazitäten für Lehrkräfte. Neben der IT-Ausstattung, bei der es zudem mit einer Einmalanschaffung nicht getan ist, kommen Ressourcen und vor allem auch Konzepte für den technischen und pädagogischen Support hinzu. Die Digitalisierung ist für Schulen zudem eine ‚doppelte' Innovation. Die Implementierung des Lernens für die digitale Welt in schulische Lehr- und Lernprozesse kann nur dann gelingen, wenn sie gleichsam an eine Veränderung der Lernkultur angebunden ist. Dabei sind Fragen zu beantworten, wie sich Lehrenden- und Lernenden-Rollen verändern und wie sich Unterrichtsprozesse kompetenzorientiert unter den Bedingungen der digitalen Transformation neugestalten lassen.

Ressourcen

Im Internet gibt es zahlreiche Webseiten[1] mit Materialien zur Medienkompetenzförderung und zum Lernen mit digitalen Medien. Besonders empfehlenswert sind die Schulportale der Bundesländer bzw. der pädagogischen Landesinstitute, die mittlerweile gut aufbereitet sind. Unten finden sich Beispiele und Direktlinks zu einer Auswahl von bundeslandspezifischen Seiten, die das Lernen für die digitale Welt aufgreifen. Es lohnt sich auch immer ein Blick auf die Seiten der jeweils anderen Bundesländer und des von der KMK initiierten Bildungsportals MUNDO (https://mundo.schule/). Die Seiten und verlinkten Materialien werden in der Regel kontinuierlich weiterentwickelt.

- Auf der Seite der Medienberatung NRW können konkrete Unterrichtsbeispiele für die Förderung von Medienkompetenz entlang des Medienkompetenzrahmens NRW über eine Suchfunktion, passend angebunden an Fächer und Jahrgangsstufen, ausgewählt werden: https://medienkompetenzrahmen.nrw/
- Rheinland-Pfalz stellt umfangreiches Material zur Medienkompetenzförderung auf ihren Seiten zur Verfügung: https://medienkompass.bildung-rp.de/
- In Schleswig-Holstein stellt das Landesinstitut IQSH Broschüren für die schulische Arbeit zum Lernen mit digitalen Medien und zur Medienkompetenzförderung auf einer Webseite zusammen: https://publikationen.iqsh.de/pdf-downloads-lernen-mit-digitalen-medien.html
- Der Freistaat Bayern stellt über die MEBIS-Seiten u. a. einen Medienkompetenznavigator zur Verfügung, der schulformspezifisch Erläuterungen und Angebote bündelt: https://www.mebis.bayern.de/infoportal/empfehlung/mc-navigator2-online/

Zum Weiterlesen

Aufenanger, S., Eickelmann, B., Feindt, A. & Kamin, A.-M. (2020). Digitale Bildung. *Friedrich Jahresheft #schuleDIGITAL, 38.*

Eickelmann, B., Bos, W., Gerick, J., Goldhammer, F., Schaumburg, H., Schwippert, K., Senkbeil, M. & Vahrenhold, J. (Hrsg.). (2019). *ICILS 2018 #Deutschland – Computer- und informationsbezogene Kompetenzen von Schülerinnen und Schülern im zweiten internationalen Vergleich und Kompetenzen im Bereich Computational Thinking.* Münster: Waxmann.

Schaumburg, H. & Prasse, D. (2019). *Medien und Schule.* Bad Heilbrunn: Julius Klinkhardt/utb.

1 Alle hier und in den folgenden Kapiteln aufgeführten Links sind auf der Webseite hgf.io/pisa-band4 nochmals aufgelistet, damit sie dort direkt angeklickt werden können.

3 Lernen in der digitalen Welt

Lernen findet *in der digitalen Welt* als formale, non-formale und informelle Bildung statt. Das Lernen in der digitalen Welt umfasst überwiegend, wie Kapitel 2.1.1 veranschaulicht, die Nutzung digitaler Medien zur Unterstützung fachlicher Lernprozesse und Lernergebnisse und wird umschrieben mit dem Terminus ‚Use ICT to learn'. In diesem Kapitel wird vor allem auf formale und non-formale Bildungskontexte eingegangen, im vierten Kapitel auf das Lernen in informellen Bildungskontexten als Teil des Alltagserlebens. Im formalen Bildungskontext der Schule können digitale Medien zur Gestaltung und Unterstützung von Lehr- und Lernkontexten genutzt werden. Anna-Lena aus dem anfänglichen Beispiel lernt im Sportunterricht mit ihrem Smartphone. Des Weiteren benutzt ihre Lehrerin die Wii, um den Schülerinnen und Schülern verschiedene Tänze beizubringen. Irgendwie motiviert ihr Sportunterricht Anna-Lena dazu, sich intensiv mit dem Tanzen zu beschäftigen. Obwohl sie normalerweise Sport nicht mag, gefällt ihr diese Unterrichtseinheit sehr gut und sie zeigt hohes Engagement. Wieso das so ist, wird unter anderem in diesem Kapitel erläutert.

Im folgenden Teilkapitel sollen vor allem kognitionspsychologische, instruktionspsychologische und motivationspsychologische Fragen bezüglich des Einsatzes von digitalen Medien im Unterricht geklärt werden. Unter instruktionspsychologischen Aspekten wird der Frage nachgegangen, wie Lernprozesse mit der Nutzung von digitalen Medien so gestaltet werden können, dass effektives und effizientes Lernen ermöglicht wird (Klauer & Leutner, 2012). Kognitionspsychologische Aspekte werden betrachtet unter der Frage der Informationsrepräsentation und der Informationsverarbeitung (Mayer, 2001, 2014). Aus motivationspsychologischer Perspektive wird mit der Selbstbestimmungstheorie von Deci und Ryan (2002) eine Motivationstheorie vorgestellt, die mit den Basic Needs, das heißt den psychologischen Grundbedürfnissen nach sozialer Eingebundenheit, Kompetenzerleben und dem Erleben von Autonomie und Struktur Fragen der Veränderung der Umwelt in Unterrichtskontexten nachgeht.

3.1 Phänomene

Digitale Medien ergänzen zunehmend in allen Fächern klassische Medien. Das Beispiel von Anna-Lenas Schulalltag zeigt, dass im Sportunterricht mit digitalen Medien gearbeitet wird. Anzusprechen sind hier unter anderem Lernplattformen, Whiteboards, Tablets, digitale Schulbücher, Erklärvideos und Animationen, Smartphones, Simulationen oder adaptive Lernsoftware. Immer mehr Angebote erscheinen auf dem Markt und damit immer mehr Möglichkeiten, traditionellen Unterricht durch digitale Medien zu unterstützen und teilweise sogar auch zu ersetzen. Dabei können digitale Medien auf verschiedenen Ebenen Lernprozesse verändern.

3.1.1 Einsatz digitaler Medien im Unterricht

Klauer und Leutner (2012) differenzieren vier unterschiedliche Varianten der Nutzung digitaler Medien. Sie können als Informationssystem, als Übungssystem, als tutorielles System oder als Simulationssystem genutzt werden. Im Folgenden wird auf die Art und Weise der Nutzung und nicht auf das zu Grunde liegende System verwiesen, da sich entsprechende Systeme ständig ändern. Viele der aktuell erscheinenden digitalen Medien können diesen Varianten zugeordnet werden (Tabelle 1).

Informationssysteme

Hierunter fällt aktuell fast ausschließlich das Internet. Von einigen Autoren wird dieses auch als externer Wissensspeicher (Kerres, 2018) bezeichnet. In Lernkontexten wird es fast ausschließlich als Informationsquelle genutzt. So kann es als Pendant zu klassischen Lehrbuchtexten oder gedruckten Lexika in Lernarrangements eingebunden werden. Das Internet und entsprechende Suchmaschinen erfolgreich im Unterricht nutzen zu können, erfordert ein ausreichendes Maß Recherchekompetenz, die eingeübt und automatisiert werden muss (vgl. Kap. 2.2.1; Kerres, 2018; Klauer & Leutner, 2012; Tulodziecki, Herzig & Grafe, 2019). Auch das Lesen von Texten im Internet stellt Schülerinnen und Schüler vor andere Herausforderungen als das Lesen von Lehrbuchtexten, wie in Kap. 3.2.1 erläutert wird (Philipp, 2020).

Übungssysteme

Diese Art System kann eingesetzt werden, um bereits gelerntes Wissen und Fertigkeiten einzuüben, zu wiederholen und zu vertiefen. Hierunter fallen spezielle Lernprogramme, welche festinstalliert auf einem PC sind, aber auch Online-Kurse oder kleinere Lernmodule können zu Übungszwecken eingesetzt werden. Kennzeichnend ist die Interaktion des Programms mit dem Gegenüber. Dabei können vor allem persönliche Vorkenntnisse, der aktuelle Wissensstand oder persönliche Vorlieben berücksichtigt werden. Des Weiteren zeichnen sich Übungssysteme durch folgende Abfolge des Lernprozesses aus: Zunächst wird eine Aufgabe präsentiert. Nach der Lösung der Aufgabe folgt ein direktes Feedback. Dieses wird meist automatisch durch das Programm erzeugt. Daraufhin erfolgt eine Bearbeitung dieser oder neuer Aufgaben. Dies erfolgt meistens nach dem sogenannten „drill & practice-Prinzip". Aufgaben sind dabei überwiegend wenig komplex (Klauer & Leutner, 2012). Solche Übungssysteme eignen sich für das Einüben von Wissen und Fertigkeiten, zu dem es klare und eindeutige Lösungen gibt. Häufig eingesetzt werden sie beispielweise im Fremdsprachenunterricht zum Vokabel- oder Grammatiktraining.

Tutorielle Systeme

Im Gegensatz zu Übungssystemen werden tutorielle Systeme eingesetzt, um neues Wissen zu erwerben. Es handelt sich dabei oft um Selbstlernangebote, die für einen längeren Zeitraum geplant sind, online, oder aber installiert auf dem PC, chronologisch durchlaufen werden können. Zum Beispiel kann eine traditionelle Unterrichtseinheit auch komplett online über ein Learning- und Content-Management-System, wie der Lernplattform Moodle, abgebildet werden. In Kapitel 3.3.4 wird ein interaktives E-Book zum Bruchrechnen vorgestellt, das eine komplette Unterrichtsreihe zum Erlernen eines Bruchzahlverständnisses abbildet. Hierrunter zählen auch intelligente tutorielle Systeme, die z. B. den Schwierigkeitsgrad einer Lernaufgabe adaptiv und automatisch auf die Fähigkeiten des Lernenden anpassen. Der Anpassung liegt eine automatische Analyse von Fehlern bei den bereits bearbeiteten Aufgaben des Lernenden zu Grunde (Tulodziecki et al., 2019).

Learning- und Content-Management-Systeme

Learning- und Content-Management-Systeme, wie zum Beispiel die frei zugängliche Software Moodle oder die Software Teams von Microsoft, stellen einen digitalen Ablageort für Informationen zu einem bestimmten Lerngegenstand, für eine spezielle Unterrichtsreihe oder ein Unterrichtsfach dar. Des Weiteren bieten sie mehrere Funktionen zur Bearbeitung bestimmter Aufgaben sowie zur Zusammenarbeit und Kommunikation von Lernenden. Außerdem enthalten sie Funktionen zur Leistungsüberprüfung oder zum Geben von Feedback. Sie sind somit also eine Mischung aus Informationssystemen, Übungssystemen und tutoriellen Systemen, je nachdem wie sie durch die Lehrkraft gestaltet werden.

Simulationssysteme

Simulationen können zum einen eingesetzt werden, um den Erwerb neuen Wissens zu unterstützen. Zum anderen dienen sie der Einübung und vor allem aber der Anwendung bereits erworbenen Wissens. Häufig werden in Simulationssystemen Problemlöseaufgaben gestellt, die Schülerinnen und Schüler vor viele Herausforderungen und besondere Anforderungen an das selbstregulierte Lernen stellen. Bislang am bekanntesten sind in dieser Kategorie Flugsimulationen. Durch technische Entwicklungen zum Beispiel bei Tablet-PCs oder Smartphones werden aber auch immer mehr Simulationssysteme für die Schule entwickelt. Hierzu zählen unter anderem Spiele zur Klimaentwicklung oder zur Stadtplanung, welche oft auch als Serious Games bezeichnet werden. Neue Augmented Reality (AR) oder Virtual Reality (VR)-Technologie wird in der Zukunft viele neue Möglichkeiten für Simulationen im Unterricht bieten. Z. B. können im Fach Geschichte historische Stätten besucht und erkundet werden oder im Biologieunterricht andere Perspektiven auf den Körper und innere Organe oder menschliche Zellen ermöglicht werden (Maas & Hughes, 2020; Zumbach, Rammerstorfer & Deibl, 2020).

Serious Games

Als Serious Games werden solche Art digitaler Spiele verstanden, die nicht nur Unterhaltungszwecken, sondern auch dem Lernen dienen. Lern- und Unterhaltungsaspekte sind hier gleichermaßen vertreten. Beispiele: Through The Darkest of Time von Paintbucket Games/HandyGames, State of Mind von Daedalic Entertainment

Augmented Reality (AR) und Virtual Reality (VR)

Bei einer *Augmented Reality* handelt es sich um eine erweiterte oder um virtuelle Inhalte angereicherte Realität. Reale Umgebungen werden hierbei ergänzt um Informationen (z. B. Videos, Texte, Abbildungen). Diese Informationen können über verschiedene digitale Endgeräte (Smartphone, Tablet etc.) abgerufen werden.

Bei einer *Virtual Reality* wird es Nutzerinnen und Nutzern ermöglicht, in einer komplett virtuellen, das heißt künstlichen, computergenerierten Umgebung zu agieren. Sogenannte VR-Brillen ermöglichen das Betreten und Interagieren in einer virtuellen Realität.

Mobile Learning

Neben der Unterscheidung des Lernens mit digitalen Medien in verschiedene Systeme kann man sich des Weiteren fragen, was im Allgemeinen passiert, wenn durch die Nutzung digitaler Medien das Lernen jederzeit und einfach möglich ist, also nicht mehr an den Klassenraum und die Schulzeit gebunden ist. Die Nicht-Gebundenheit des Lernens an das Schulgebäude, die Klassenräume und die Schulzeit hat in extremer Form im Frühjahr 2020 durch die Corona-bedingten, über Monate gehenden Schulschließungen viele Lehrkräfte vor extreme Herausforderungen gestellt. Anders als der in Deutschland häufig benutzte Begriff Homeschooling – der eigentlich impliziert, dass Eltern ihre Kinder zu Hause unterrichten – steckt in dem Konzept von Mobile Learning das, was durch die Nutzung digitaler Medien unabhängig vom Schulbesuch eigentlich gemeint ist. Wenn Schülerinnen und Schüler nun überall und jederzeit auf ihr Lernmaterial zurückgreifen können, spricht die Forschung nämlich von Mobile Learning. Anna-Lena aus unserem Fallbeispiel stehen viele schulische Informationen über ihr Smartphone immer zur Verfügung. So kann sie zum Beispiel über das digitale schwarze Brett ihren Stundenplan abrufen, kann über die WhatsApp-Gruppe ihre Hausaufgaben erfahren und die Videos aus dem Sportunterricht mit anderen Schülerinnen und Schülern teilen – ganz egal, wann, und ganz egal, wo sie sich gerade befindet.

Beim Mobile Learning wird der Fokus auf das Lernen mit digitalen Medien gelegt, wenn explizit mobile Endgeräte, wie Smartphones, Tablets oder Notebooks benutzt werden. Am Beispiel von Anna-Lena wird deutlich, dass sie fast nur mit dem Smartphone arbeitet. Auch besitzt sie keinen eigenen PC, die Familie teilt sich ein Gerät. Anna-Lena geht es hier so wie den meisten Schülerinnen und Schülern in Deutschland. Die überwiegende Mehrzahl besitzt ein eigenes Smartphone. In den Jahren 2018/19 besaßen 51 % der Kinder und Jugendlichen im Alter von 6 bis 13 Jahren ein eigenes Smartphone und 93 % der Jugendlichen im Alter von 12 bis 19. Weniger Schülerinnen und Schülern steht ein eigener Computer oder ein eigenes Notebook zur Verfügung. Einen eigenen Computer besaßen in den Jahren 2018/19 nur 19 % der 6- bis 13-Jährigen und 65 % der 12- bis 19-Jährigen. Computer oder Notebooks werden häufiger mit anderen Familienmitgliedern geteilt (Rathgeb & Behrens, 2019; Rathgeb & Schmid, 2019; vgl. Kap. 4.1).

Charakteristisch hervorzuheben ist beim Mobile Learning, dass Personen Informationen und Lerninhalte zeitlich und örtlich unbegrenzt, also überall abrufen und nutzen können, dass das Lernen über mobile Endgeräte gestaltet wird und dass die Geräte kabellos sind. Oft ist mit dem Mobile Learning die Nutzung von Apps verbunden. Damit stellt Mobile Learning eher ein übergreifendes Konzept dar. Es kann jedoch Aufschluss darüber geben, wie Lernen sich aktuell verändert und welchen Effekt es hat, wenn Lernmaterialien über mobile Endgeräte jederzeit und überall für Schülerinnen und Schüler zur Verfügung stehen. In einer Metaanalyse mit 104 Studien konnte für das Mobile Learning ein großer Effekt von Hedges $g = 0.85$ auf die Lernleistung festgestellt werden. Das heißt, wenn Schülerinnen und Schüler mobil lernen, hat das einen großen Einfluss auf ihre Lernleistung. Dabei unterschied sich dieser Einfluss nicht durch das Alter der Schülerinnen und Schüler sowie durch die Dauer der Benutzung von mobilen Endgeräten für das Lernen. Dem entgegen unterschied sich der Effekt von Mobile Learning auf die Lernleistung unter Berücksichtigung des Faches. Große Effekte konnten für sozialwissenschaftliche und medizinische Fächer, aber auch für das Lernen von Sprachen gefunden werden, wohingegen eher kleine Effekte für das Fach Mathematik gefunden wurden (Talan, 2020). Dies könnte zum einen daran liegen, wie das den Originalstudien zu Grunde liegende Unterrichtsmaterial aufbereitet worden ist. Zum anderen kann dieser Unterschied in den fachspezifischen Verstehensleistungen und Anforderungen an das Lernen begründet sein. Zur Erschließung der Gründe für diesen fachbezogenen Unterschied sind weitere Studien notwendig.

Was ist eine Metaanalyse?

Im Folgenden werden immer wieder Ergebnisse aus Metaanalysen berichtet. Metaanalysen sind Zusammenfassungen empirischer Originalstudien zu einer bestimmten Fragestellung. Die ausgewählten Studien, die in eine Metaanalyse einfließen, erfüllen meistens zuvor definierte Qualitätskriterien. Ziel einer Metaanalyse ist die Zusammenfassung der statistischen Kennwerte der empirischen Originalstudien zu einem Gesamteffekt. Dieser Gesamteffekt wird in Metaanalysen durch bestimmte Effektstärkemaße dargestellt.

Effektstärkemaß Hedges *g* und seine Interpretation

Effektstärke	Interpretation
$g = 0.2$	kleiner Effekt
$g = 0.5$	mittlerer Effekt
$g = 0.8$	großer Effekt

Tabelle 1: Nutzungsmöglichkeiten von ICT im Unterricht und entsprechende Software

ICT Nutzung als …	(Aktuelle) Beispiele
Informationssystem	Internet, Suchmaschinen, Kindersuchmaschinen, Nachschlagewerke im Internet, Textsuchmaschinen
Übungssystem	Lernprogramme: z. B. Lesespiele mit Elfe und Mathis. Computerbasierte Leseförderung für die erste bis vierte Klasse (Lenhard, Lenhard & Küspert, 2018) Online-Übungsmodule in Learning-Management-Systemen wie Moodle, MS Teams etc., Vokabellern-Apps wie Phase 6
Tutorielles System	Interaktive E-Books (Kap. 3.3.4), Learning-Management-Systeme wie Moodle und MS Teams
Simulationssystem	Flugsimulation, Unternehmensplanspiele, Klimaentwicklung, Stadtplanung, Serious Games (Kap. 3.3.4), Exer Games (Kap. 3.3.2), Augmented Reality (AR), Virtual Reality (VR)

Besondere Merkmale des Lernens mit digitalen Medien

Das Lernen in den oben beschriebenen Systemen kann durch unterschiedliche Merkmale charakterisiert werden und unterscheidet sich vom Lernen mit analogem Lernmaterial auf verschiedenen Ebenen. Dabei sind nicht alle Merkmale in allen Systemen gleich ausgeprägt und auch analoge Lernmaterialien können zum Teil Aspekte dieser Merkmale enthalten. Wichtig ist an dieser Stelle, sich die Unterschiede und damit auch die Möglichkeiten des Lernens mit digitalen Medien bewusst zu machen, da hier die folgenden Merkmale durch die erweiterten Möglichkeiten der Gestaltung von Lernmaterial besonders relevant sind. Man unterscheidet als Merkmale die Multimedialität, Interaktivität und Adaption (Klauer & Leutner, 2012).

Multimedialität

Hierbei geht es um die Repräsentationsform des Mediums. Wobei weniger relevant ist, ob die Informationen digital oder analog repräsentiert werden. Eine Lernumgebung ist multimedial, wenn eine Information oder ein Lerngegenstand in mehr als einem Repräsentationsformat dargeboten wird (Mayer, 2014). Ein auf Papier oder aber auch im Internet präsentierter Text ist zunächst einmal nicht multimedial. Das heißt, beim Lesen wird nur ein Sinneskanal beansprucht. Multimedial wird der Text, wenn er zum Beispiel durch Bilder, Zeichnung oder Videos ergänzt wird und damit Informationen über mehrere Sinneskanäle aufgenommen werden. Durch digitale Medien steigen die Möglichkeiten enorm, multimediales Lernmaterial zu finden und zu nutzen.

Interaktivität

Interaktivität bietet die Möglichkeit zur individuellen Interaktion mit dem System. Beispielsweise können Übungen in Spielform individuell gelöst werden. Die Spielenden erhalten nach dem Lösen einer Aufgabe oder nach dem Erreichen eines Ziels eine individuelle Rückmeldung vom System. Dieses Feedback kann durch digitale Medien über das Feedback, das Lehrkräfte im Unterricht einzelnen Schülerinnen und Schülern geben können, in der Häufigkeit, der Individualität und der Genauigkeit hinausgehen. Individuelles Feedback kann sofort nach dem Lösen einer Aufgabe gegeben werden. Dies ist im Klassenkontext oft nicht gleichermaßen für alle Schülerinnen und Schüler möglich. Zum Beispiel kann das Abspielen eines YouTube-Films auch interaktiv sein, wenn der Film, je nach eigenem Belieben vor und zurück gespult werden kann oder wenn die Zuschauerinnen und Zuschauer Videos kommentieren.

Adaption

Unter Adaption werden Systemfunktionen subsumiert, die darin bestehen, sich an die Eigenschaften und Fähigkeiten der Lernenden anzupassen. Adaptiv sind

Systeme zum einen, wenn im Vorhinein bestimmte individuelle Einstellungen konfiguriert werden können. Dies kann der Schwierigkeitsgrad sein, mit dem Schülerinnen und Schüler eine Aufgabe oder Übungsreihe in einem Lernprogramm starten, dies kann aber auch Hintergrundinformation sein, die Schülerinnen und Schüler beim Lernen hilft oder die ausgeblendet werden kann, wenn sie vom Lernen ablenkt. Adaption kann des Weiteren dynamisch und mittlerweile auch automatisch durch Systeme erfolgen. Dann spricht man von Intelligenten Tutoriellen Systemen (ITS). Ein Programm kann in einem geschriebenen Text oder beim Bearbeiten einer Übungssequenz bestimmte Fehlerarten wie Grammatikfehler erkennen und Schülerinnen und Schüler nach Beendigung auf diese gehäuften Fehler hinweisen, extra Übungen zur Wiederholung der dem Fehler zu Grunde liegenden Fehlerquelle bereitstellen und bestimmte Übungen aus der Vergangenheit wiederholen (z. B. FeedBook, vgl. Kap. 3.3.4).

Fazit

Digitale Medien können als Informationssystem, als Übungssystem, als tutorielles System oder als Simulationssystem genutzt werden. Merkmale digitaler Medien sind Multimedialität, Interaktivität und Adaption. Mobile Learning erweist sich als effektiv für das Lernen.

3.1.2 Lernen als Informationsverarbeitung

Um zu verstehen, wie die in Kapitel 3.1.1 vorgestellten digitalen Medien das Lernen und den Wissenserwerb von Schülerinnen und Schülern unterstützen können, werden im Folgenden theoretische Grundlagen zum Wissenserwerb erläutert. Gerade, wenn kognitionspsychologische Fragen nach dem Format der Informationsrepräsentation und instruktionspsychologische Fragen nach der Gestaltung von Lernprozessen zum effektiven Lernen im Vordergrund stehen, sprechen wir von Lernen und meinen damit die Verarbeitung von Informationen. Ein verbreiteter Ansatz, der Lernen als Informationsverarbeitung begreift, ist der Informationsverarbeitungsansatz mit dem Drei-Speicher-Modell, das ursprünglich 1968 von Atkinson und Shiffrin formuliert wurde. Es handelt sich um ein klassisches und vielfach überarbeitetes und erweitertes Modell, dass zahlreiche aktuelle Ansätze und Denkrichtungen beeinflusst hat. Es wird hier in einer sowohl aktualisierten als auch vereinfachten Form dargestellt, die die heutigen auch konstruktivistischen Vorstellungen von Lernen berücksichtigt.

Theorien der Informationsverarbeitung gehen davon aus, dass die Aufnahme neuer Informationen, die Verarbeitung dieser und dann zuletzt die Speicherung von Informationen über drei unterschiedliche Gedächtniseinheiten funktioniert: das sensorische Register, das Arbeitsgedächtnis und das Langzeitgedächtnis (im

Überblick Tabelle 2). Nach dem Informationsverarbeitungsansatz ist das Ziel, neues Wissen bzw. neue Informationen im Langzeitgedächtnis zu verankern und dort so mit altem Wissen zu verknüpfen oder neue Wissensschemata aufzubauen. Schemata stellen dabei eine grundlegende Einheit von Wissen dar. Das Aufbauen neuer Wissensschemata muss so geschehen, dass das neu erworbene Wissen flexibel abrufbar wird und bleibt. Dieser Vorgang wird als Wissenserwerb bezeichnet.

Aufgenommen werden jegliche Arten von Reizen (dies können unterrichtsrelevante Informationen sein, es können aber auch Nebenreize, wie das Zwitschern eines Vogels auf dem Schulhof oder die Benachrichtigung einer WhatsApp-Nachricht sein) über das sogenannte *sensorische Register*. Die Kapazität des sensorischen Registers ist unbegrenzt. Die Behaltensdauer der Informationen im sensorischen Register ist aber nur sehr kurz. Das heißt, die meisten Reize bzw. Informationen, die im sensorischen Register aufgenommen werden, werden fast sofort wieder vergessen.

Welche Informationen bewusst wahrgenommen und somit auch länger behalten werden, wird durch das *Arbeitsgedächtnis* gesteuert. Zentrale Erweiterungen und Theorien zum Aufbau des Arbeitsgedächtnisses, die insbesondere im Zusammenhang mit Theorien des multimedialen Lernens relevant sind, lieferte Allen D. Baddeley (z.B. Baddeley, 2012). Dem Arbeitsgedächtnis kommt die wirklich aktiv agierende Funktion zwischen dem sensorischen Register und dem Langzeitgedächtnis zu. Es ist auf der einen Seite dafür verantwortlich, die Aufmerksamkeit auf bestimmte Informationen zu lenken und kümmert sich auf der anderen Seite darum, neues Wissen im Langzeitgedächtnis zu verankern. Des Weiteren werden über das Arbeitsgedächtnis Informationen aus dem Langzeitgedächtnis abgerufen. Leider ist im Gegensatz zum sensorischen Register die Kapazität des Arbeitsgedächtnisses begrenzt. Weiterhin ist auch die Haltezeit von Informationen auf etwa 5 bis 20 Sekunden begrenzt. Ungefähr fünf bis sieben Einheiten können im Arbeitsgedächtnis aktiv gehalten werden (ausführlich dazu Wellenreuther, 2014). Eine Einheit stellt zum Beispiel eine einzelne Zahl oder ein einzelner Buchstabe dar. Durch die Bildung von sogenannten Chunks (Klumpen) kann die Größe bzw. Komplexität einer Einheit erhöht und damit die Kapazität des Arbeitsgedächtnisses erweitert werden. So wird beispielweise aus mehreren Buchstaben ein Chunk gebildet, wenn wir diese nicht mehr einzeln hintereinander als isolierte Elemente bzw. Einheiten lesen, sondern gleich das dahinterliegende Wort sehen.

Klassische gedächtnispsychologische Forschung zeigt, dass bereits das Hören von Musik bei Lernaufgaben die Gedächtnisleistung reduziert. Das liegt an dem Aufbau und der eben beschriebenen Begrenztheit des Arbeitsgedächtnisses. Trotz der Begrenztheit der Kapazität können Menschen gut Aufgaben parallel bearbeiten, welche unterschiedliche Bereiche des Arbeitsgedächtnisses beanspruchen (Baddeley, 2012). Das Arbeitsgedächtnis besteht aus einer zentralen Exekutiven (Steuerung der Informationsverarbeitung), einer phonologischen Schleife (Verarbeitung verbaler und akustischer Informationen) und einem visuell-räumlichen Notizblock (Verarbeitung visuell-räumlicher Informationen). So können Schülerinnen und Schüler z. B. im Unterricht zuhören (phonologische Schleife) und gleichzeitig Strichmännchen malen (räumlich-visueller Notizblock). Tic-Tac-Toe kann man dagegen nicht problemlos nebenbei spielen, da man hierbei planen muss, was ebenso wie der Unterrichtsinhalt die zentrale Exekutive beansprucht.

Tabelle 2: Drei-Speicher-Modell von Atkinson und Shiffrin (1968)

Speicher	Kapazität	Behaltensdauer
Sensorisches Register	unbegrenzt	weniger als 3 Sekunden
Arbeitsgedächtnis	7±2	kurz, etwa 5–20 Sekunden
Langzeitgedächtnis	praktisch unbegrenzt	praktisch unbegrenzt

Im Sinne des Informationsverarbeitungsansatzes hat Lernen das Ziel, Wissen im Langzeitgedächtnis zu verankern. Wissen wird im *Langzeitgedächtnis* in Form von Netzwerken oder Schemata gespeichert. Je stärker eine neue Information mit bereits vorhandenem Wissen verknüpft ist, umso besser ist sie später abrufbar und damit gelernt. Die Art der Verknüpfung neuen Wissens wird aber auch zentral darüber gesteuert, welche Schemata im Langzeitgedächtnis bereits vorliegen, das heißt, welches Vorwissen eine Person bereits besitzt.

Vorwissen

Als Vorwissen bezeichnet man in der pädagogisch-psychologischen Forschung das bereits erworbene, also im Langzeitgedächtnis abgespeicherte Wissen einer Person. Besonders die Bedeutung domänenspezifischen Vorwissens für den Wissenserwerb ist gut untersucht. Je mehr Vorwissen eine Person in einer bestimmten Domäne besitzt (z. B. über Fußball, über Hunderassen oder über Computer), umso leichter fällt der Person der Erwerb neuen Wissens in der Domäne.

Die Kapazität und Behaltensdauer des Langzeitgedächtnisses ist unbegrenzt. Die Schwierigkeit beim Abrufen von Wissen aus dem Langzeitgedächtnis besteht darin, den Weg zur Information bzw. zum Wissen zu finden. Wenn der Weg nicht wiedergefunden wird, spricht man vom Vergessen. Wissen kann in verschiedenen Arten vorliegen, welche in Tabelle 3 erläutert werden.

Wissensarten

Die Forschung zum Wissenserwerb unterscheidet verschiedene Wissensarten voneinander, die auch beim Lernen mit digitalen Medien relevant sind. Kapitel 2.1.4 widmete sich der Kompetenz im Umgang mit digitalen Medien. Hierbei handelt es sich um eine Mischung verschiedener Arten von Wissen. In Tabelle 3 sind die verschiedenen Wissensarten mit Bezug zu digitalen Medien dargestellt.

Tabelle 3: Übersicht über Wissensarten nach Artelt und Wirth (2014) und De Jong und Ferguson-Hessler (1996)

Wissensart	Beschreibung	(digitales) Beispiel
Situationales Wissen	Wissen über bestimmte Rahmenbedingungen und Aspekte in spezifischen Situationen. Hierbei handelt es sich meist eher um deklaratives Wissen, d.h. um verbalisierbares Wissen. Situationales Wissen kann aber auch automatisiert vorliegen, d.h. automatisch, ohne große Anstrengung abgerufen werden.	Situationales Wissen ist z.B. bei Problemlöseaufgaben in Simulationssystemen relevant. Es hilft hier, Informationen zu generieren, indem die Person weiß, wie sie sich in einer solchen Simulation verhalten soll oder auf welche bestimmten Aspekte sie ihre Aufmerksamkeit lenken soll.
Konzeptuelles Wissen	Hierbei handelt es sich um semantisches Wissen, also um Faktenwissen, Wissen um Begriffe und Prinzipien. Hierbei handelt es sich um deklaratives Wissen, d.h. um verbalisierbares Wissen.	Zu diesem Wissen zählt z.B. das Wissen über die Bestandteile eines Computers oder darüber, wer den ersten Computer erfunden hat. Des Weiteren zählt dazu, verbalisieren zu können, wie ein bestimmtes Computerprogramm funktioniert.
Prozedurales Wissen	Wissen über Handlungen. Dies erfordert zuvor gelerntes deklaratives Wissen und unterscheidet sich davon im Automatisierungsgrad der Handlung. Meist ist prozedurales Wissen, wie z.B. das Fahrradfahren oder das Zubinden der Schuhe schwer verbalisierbar.	Wenn die Bedienung bestimmter Computerprogramme wie Textverarbeitungsprogramme oder die Nutzung von Internetbrowsern vollkommen automatisiert ablaufen.

Tabelle 3: Fortsetzung

Strategisches und Metakognitives Wissen	Wissen über den Lernprozess und mögliche Aspekte seiner Regulation (vgl. Unterkapitel zu Lernstrategien).	Metakognitives Wissen ist z. B. Wissen darüber, welche Probleme beim Lesen von Hypertexten auftreten und welche Strategien dabei helfen können, Hypertexte besser zu verstehen.

Besonderheiten der Informationsverarbeitung beim Lernen mit digitalen Medien

Durch digitale Medien entstehen unendlich viele Möglichkeiten, Informationen auf sehr verschiedene Arten zu präsentieren. Oben wurde bereits die Darstellung von Informationen in Simulationen oder in Apps angesprochen. Auch Lernvideos und Animationen, die einen Lerninhalt erläutern, sind aktuell einfach und leicht zu bekommen. Das heißt, Schülerinnen und Schüler können auf der einen Seite natürlich immer noch einfach nur einen Text lesen und entsprechende Aufgaben dazu bearbeiten oder eine Aufgabe aus dem Mathematiklehrbuch lösen. Sie können auf der anderen Seite aber auch ein Video anschauen, in der Aufgabe könnte ein Erklärvideo mit einem Lösungsbeispiel auf YouTube verlinkt sein oder sie könnten eine virtuelle Lernumgebung aufsuchen. Je vielseitiger die Form der Repräsentation ist, umso differenzierter muss der Prozess der Informationsverarbeitung beschrieben werden. Eine Grundlage bietet dafür die Erweiterung des Drei-Speicher-Modells des Gedächtnisses zur kognitiven Theorie des Multimedialen Lernens von Mayer (2001). Es wird angenommen, dass Informationen sowohl über einen visuellen Kanal aufgenommen und verarbeitet als auch über einen auditiven Kanal aufgenommen und verarbeitet werden können (Dual-Channel-System). Die genauen Verarbeitungsprozesse der Theorie des Multimedialen Lernens sind in Abbildung 9 dargestellt. Aus der Theorie des Multimedialen Lernens er-

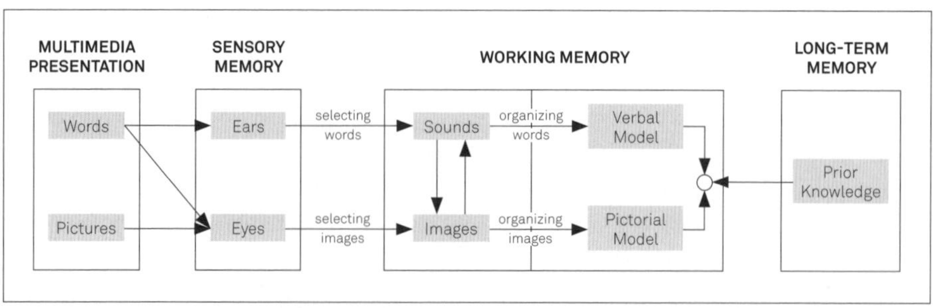

Abbildung 9: Cognitive Theory of Multimedia Learning (Mayer, 2014, S. 52)

geben sich bestimmte Maßnahmen, wie die Präsentation und Kombination von Text- und Bildmaterial optimiert und besonders lernförderlich gestaltet werden kann. Darauf wird in Kapitel 3.3.3 im Zusammenhang mit der Präsentation von Kriterien zur Auswahl digitaler Medien für das Lernen eingegangen.

Eine Herausforderung des Erwerbs von neuem Wissen ist die Begrenztheit der Kapazität des Arbeitsgedächtnisses. Übersetzt heißt das, Lernen kann insbesondere dann gut stattfinden, wenn optimale Konzentration auf die zu lernenden Inhalte vorliegt (Wellenreuther, 2014). Als Lehrkraft sollte man sich deswegen ganz genau überlegen, wie man die Lernumgebung, den Unterricht und auch einzelne Aufgaben gestaltet, um eine optimale Konzentration für die Schülerinnen und Schüler zu ermöglichen. Denn allzu oft kommt es vor, dass das Arbeitsgedächtnis überlastet ist und Lernen demnach gehemmt wird. Mit der Cognitive Load Theory (Sweller, 1994) wird die Belastung des Arbeitsgedächtnisses näher differenziert. Gerade die Nutzung digitaler Medien im Unterricht wird nach grundlegender Darstellung der Theorie reflektiert. Nutzung digitaler Medien kann auf der einen Seite die Belastung des Arbeitsgedächtnisses verringern, aber auch auf der anderen Seite zu kognitiver Überlastung führen und so das Lernen hemmen.

Theorie der kognitiven Belastung (Cognitive Load Theory)

Da unser Arbeitsgedächtnis in seiner Kapazität und Haltedauer von Informationen begrenzt ist, ist es an dieser Stelle von Nutzen, diese Begrenztheit genauer zu beschreiben. Wissen über die Formen und die Arten, wie es zu einer kognitiven Belastung des Arbeitsgedächtnisses kommen kann, können helfen, digitales Lernmaterial besser auszuwählen oder zu entscheiden, zu welcher Zeit einer Unterrichtsreihe es nützlich ist bzw. für welche Lernenden es geeignet ist. Die Theorie der kognitiven Belastung (Cognitive Load Theory) wurde vom Australier John Sweller in den 1980ern entwickelt. Hauptannahme dieser Theorie ist wie oben bereits dargestellt, dass es durch die Begrenztheit der Kapazität des Arbeitsgedächtnisses zu Problemen beim Lernen von neuen Lerninhalten kommt (Sweller, 1994). Noch heute ist die Theorie hoch aktuell und wird auf Phänomene des Lernens mit digitalen Medien übertragen (Wang, Fang & Miao, 2018).

Man unterscheidet im Allgemeinen drei Arten kognitiver Belastung: die *lernrelevante kognitive Belastung* (Germane Cognitive Load), die *inhaltsbedingte kognitive Belastung* (Intrinsic Cognitive Load) und die *extrinsische kognitive Belastung* (Extraneous Cognitive Load). Bei der *lernrelevanten kognitiven Belastung* handelt es sich um die Belastung, die durch das Organisieren und Integrieren neuer Informationen entsteht, also durch die Verarbeitung von Informationen. Diese Art der Belastung ist durchaus erwünscht und gewollt.

Die *inhaltsbedingte kognitive Belastung* beschreibt die Art von Belastung, die durch die Schwierigkeit des Lerninhaltes hervorgerufen wird. Hier spielt die Elementinteraktivität eine große Rolle. Die Elementinteraktivität bezeichnet die Anzahl von Elementen eines zu lernenden Inhaltes, die gleichzeitig im Arbeitsgedächtnis behalten werden müssen, um den Lerninhalt zu verarbeiten. Lerngegenstände mit einer hohen Elementinteraktivität haben eine hohe inhaltsbedingte kognitive Belastung, wohingegen Lerninhalte mit einer geringeren Elementinteraktivität auch weniger kognitive Belastung hervorrufen. Vokabeln besitzen beispielsweise eine geringe Elementinteraktivität. Sie können isoliert für sich gelernt werden. Lernende müssen hier für eine Vokabel nur zwei Elemente (Vokabel in Originalsprache und in der Fremdsprache) aktiv im Arbeitsgedächtnis behalten. Die Grammatik einer Fremdsprache zu lernen, besitzt hingegen eine hohe Elementinteraktivität. Nicht nur die einzelnen Wörter eines Satzes müssen zeitgleich im Arbeitsgedächtnis gehalten werden, sondern auch die grammatische Regel und zusätzlich noch eventuelle Übersetzungen der Vokabeln.

Als *extrinsische kognitive Belastung* wird die Art kognitiver Belastung beschrieben, die durch das Design des Lerngegenstandes zu Stande kommt. Ein schlechtes Design einer virtuellen Lernumgebung oder einer Lern-App auf dem Smartphone im Rahmen von vielen verschiedenen nicht zum Lerninhalt passenden Einzelheiten und Zusatzinformationen kann somit das Arbeitsgedächtnis überlasten. Das gleiche ist allerdings auch der Fall, wenn beim rein analogen Lernen illustrierende Bilder nicht zum Text passen. Es verbleibt so keine Kapazität mehr zum „wirklichen" Lernen. Ist eine Lernumgebung auf der anderen Seite wohl überlegt gestaltet, kann sie das Arbeitsgedächtnis auch entlasten.

Wie kann kognitive Belastung reduziert werden?

1. Chunk-Bildung fördern
2. Inhaltsbedingte kognitive Belastung lässt sich nicht verändern
3. Extrinsische kognitive Belastung kann verringert werden durch ...
4. ... das Beachten von Aufgabenformulierungen
5. ... das Beachten des Designs von digitalem Arbeitsmaterial und digitalen Lernumgebungen (vgl. Kap. 3.3.3)
6. Gut: Aufgaben mit Lösungsbeispielen
7. Gut: Problemlöseaufgaben mit offenen Lösungsmöglichkeiten (Explorationscharakter)

Lernstrategien: Wie kommt das Wissen vom Arbeitsgedächtnis in das Langzeitgedächtnis?

Für die serielle Verarbeitung von Information vom sensorischen Register über das Arbeitsgedächtnis bis in das Langzeitgedächtnis sind drei Prozesse entscheidend: (1) das Selegieren, (2) das Organisieren und (3) das Integrieren von Informationen

(Mayer, 2001). Eine besondere Herausforderung besteht darin, neues Wissen so zu organisieren und mit bereits vorhandenem Wissen zu integrieren, dass es dauerhaft im Langzeitgedächtnis gespeichert wird. Dieser Prozess der Informationsverarbeitung kann durch den Einsatz von Lernstrategien unterstützt werden. Lernstrategien sind „Verhaltensweisen und Gedanken, die Lernende aktivieren, um ihre Motivation und den Prozess des Wissenserwerbs zu beeinflussen und zu steuern" (Weinstein & Mayer, 1986, zitiert nach Friedrich & Mandl, 2006, S. 1). Sie haben die Funktion, das eigene Lernen strategisch zu beeinflussen. Es lassen sich drei große Gruppen von Lernstrategien unterscheiden: kognitive Strategien, metakognitive Strategien und motivational-emotionale Stützstrategien. Des Weiteren sind Ressourcenstrategien zur Gestaltung des Arbeitsplatzes für das Lernen von Bedeutung. Besonders offensichtlich ist die Bedeutung von Lernstrategien im selbstregulierten Lernen. Viele digitale Lernumgebungen, wie z.B. Simulationssysteme, erfordern selbstreguliertes Lernen (Eckhardt, Urhahne, Conrad & Harms, 2013). Je zentraler das in Kapitel 3.1 geschilderte Konzept von Mobile Learning in Zukunft an Schulen umgesetzt wird, umso zentraler wird auch selbstreguliertes Lernen und damit Lernstrategien. Tabelle 4 gibt einen Überblick über verschiedene Lernstrategien.

Die dargestellten kognitiven und metakognitiven Lernstrategien können nochmals unterteilt werden nach dem Grad oder der Tiefe, die sie bei der Informationsverarbeitung anregen. So unterscheidet man Oberflächenstrategien, die sich durch eher einfaches Auswendiglernen kennzeichnen, von Tiefenstrategien, bei denen die Verknüpfung neuen Wissens mit schon vorhandenem Wissen zentral ist.

Wie im Kapitel 3.1.1 veranschaulicht, bieten digitale Lernumgebungen viele Chancen, das Lernen zu erleichtern, aber aufgrund der teilweise erhöhten Belastung des Arbeitsgedächtnisses auch Herausforderungen für das Lernen. Dies gilt auch für den Einsatz von Lernstrategien und soll im Folgenden genauer erläutert werden.

Erhöhte Anforderungen an kognitive und metakognitive Lernstrategien beim Lernen in digitalen interaktiven Lernumgebungen

Erhöhte Anforderung an Lernstrategien besteht nach Wirth und Leutner (2006) vor allem dann, wenn die in Kapitel 3.1.1 erläuterten Systeme (Informations- und Übungssysteme sowie tutorielle und Simulationssysteme) wenig vorstrukturiert sind oder anspruchsvolle Aufgaben mit Problemlösecharakter enthalten. Lernprogramme, LernApps oder auch intelligente tutorielle Systeme, die das Lernen sehr stark strukturieren, verändern die Anforderungen an Lernstrategien weniger oder reduzieren sie sogar. Interaktives Lernmaterial, das häufig in Simulationen, Augmented oder Virtual Reality vorkommt, erfordert vom Lernenden eine stärkere Interaktion mit dem Lerngegenstand. Gerade bei der Auseinandersetzung mit eher interaktivem Lernmaterial kommt neben dem Selegieren, Organisieren und Integrieren der Prozess des Identifizierens von Informationen hinzu. Hierbei interagieren die Lernenden mit dem Lernmaterial, um entsprechende Informationen zur

Tabelle 4: Überblick Lernstrategien (angelehnt an Friedrich & Mandl, 2006)

Strategie	Zweck/Funktion	Beispiele
Kognitive Lernstrategien		
Wiederholung	Dauerhaftes Behalten neuer Informationen	Neue Informationen immer wieder aufsagen oder aufschreiben Auswendig Lernen
Elaboration	Verstehen und dauerhaftes Behalten sowie Integration neuer Informationen in vorhandenes Wissen	Vorwissen aktivieren Fragen stellen Notizen machen Vorstellungsbilder generieren Mnemotechniken (Eselsbrücken)
Organisation	Strukturierung und Organisation neuen Wissens sowie Reduktion neuer Wissenselemente auf das Wesentliche	Texte zusammenfassen Nutzung von Wissensschemata Informationen visualisieren
Metakognitive Lernstrategien		
Selbstkontrolle und Selbstregulation	Planung, Überwachung und Bewertung sowie Regulation des Lernprozesses	Vorbereitung von Lernphasen Soll-Ist-Vergleiche Bei Lernschwierigkeiten Verhalten ändern
Motivations- und Emotionsstrategien		
	Indirekte Beeinflussung des Lernens durch Anstrengung, Ausdauer, Aufgabenwahl und Auswahl günstiger kognitiver Lernstrategien	Anstrengung Ausdauer Emotionsregulation z. B. bei Prüfungsangst
Ressourcenstrategien		
	Die erforderlichen Ressourcen zum Lernen bereitstellen	Zeitmanagement Gestaltung von Lernumgebung und Arbeitsplatz Nutzung weiterer Informationsquellen Nutzung externer Formen der Wissensspeicherung

Training

- Vermittlung von (meta-)kognitiven Lernstrategien
- Strategien sollen kennengelernt und unabhängig von dem eigentlichen Lernprozess ausprobiert und trainiert werden
- Es handelt sich um eine **direkte** Instruktion von Lernstrategien

⚠ Zwar können Lernstrategien bekannt sein und eingeübt werden, es kann dennoch dazu kommen, dass sie in entsprechenden Lernsituationen nicht eingesetzt werden (Produktionsdefizit) oder Personen vom Einsatz zunächst nicht profitieren (Nutzungsdefizit).

Prompts

- Aktivierung von bereits bekannten (meta-)kognitiven Lernstrategien während des Lernprozesses
- Aufforderungen, Anregungen und Hinweise
- Es handelt sich um eine **indirekte** Instruktion von Lernstrategien

⚠ Prompts können eine zusätzliche Belastung des Arbeitsgedächtnisses darstellen und damit den Lernprozess behindern.

Abbildung 10: Instruktionale Maßnahmen zur Förderung des Einsatzes von Lernstrategien

Lösung einer Aufgabe zu generieren. Nach der Identifikation von relevanten Informationen erfolgt ihre Verarbeitung (Selektion, Organisation und Integration, Wirth & Leutner, 2006).

Der passende Einsatz von Lernstrategien in komplexen digitalen Lernumgebungen – wie z. B. in Simulationen oder bei dem Lesen von Hypertexten – kann das Lernen vereinfachen und positiv beeinflussen. Externe Hilfe in Form von Instruktion kann es vielen Schülerinnen und Schülern erleichtern, Lernstrategien gewinnbringend einzusetzen (Wouters & Van Oostendorp, 2013). In Abbildung 10 sind zwei Möglichkeiten für instruktionale Maßnahmen dargestellt, die häufig beim Lernen mit digitalen Medien eingesetzt werden: das Training und die Nutzung von Prompts. In Kapitel 3.3.4 wird ein Serious Game vorgestellt, in dem beide dieser instruktionalen Maßnahmen eingesetzt wurden (Zumbach, Rammerstorfer & Deibl, 2020).

Fazit

Die Theorie des multimedialen Lernens erweitert Informationsverarbeitung um das Dual-Chanel-System. Die Kapazität des Arbeitsgedächtnisses ist auf 7±2 Einheiten begrenzt. Die Verarbeitung von Informationen erfolgt durch eine aktive Auseinandersetzung. Wie Personen Informationen verarbeiten, wird unter anderem von ihrem Vorwissen gesteuert. Informationen werden seriell durch (1) Selektion, (2) Organisation und (3) Integration verarbeitet. Durch den gezielten Einsatz von Lernstrategien kann Wissen im Langzeitgedächtnis verankert werden. Teilweise erhöht das

Lernen in digitalen interaktiven Lernumgebungen die Anforderung an Lernstrategien. Durch den Einsatz von Trainings und Prompts kann der Einsatz von Lernstrategien beim Lernen mit digitalen Medien gefördert werden.

Zum Weiterlesen

Scheiter, K., Richter, J. & Renkl, A. (2020). Multimediales Lernen: Lehren und Lernen mit Texten und Bildern. In H. Niegemann & A. Weinberger (Hrsg.), *Handbuch Bildungstechnologie* (S. 31–56). Berlin: Springer Nature.

3.1.3 Motivationale Faktoren des Lernens mit digitalen Medien

Oft werden Sie als Lehrkraft sicherlich schon beobachtet haben, dass Schülerinnen und Schüler sehr motiviert mitarbeiten, wenn Sie digitale Medien im Unterricht einsetzen. Auch Anna-Lena geht es so. Sie selbst ist sogar sehr erstaunt, dass ihr der Sportunterricht gerade sehr viel Spaß macht, obwohl sie normalerweise gar keine Sportskanone ist. Wenn Anna-Lena von „Spaß" redet, sehen das Motivationspsychologinnen und -psychologen sehr positiv. Anna-Lena identifiziert sich mit den Aufgaben aus dem Sportunterricht, was ihre Motivation begünstigt. Wie genau wird Motivation gefördert und wie entsteht Spaß und Freude am Lernen eigentlich? Handelt es sich im Beispiel von Anna-Lena um intrinsische Motivation und welche weiteren Arten von Motivation können unterschieden werden? Warum ist Motivation durch den Einsatz digitaler Medien oft höher als im Unterricht mit analogen Medien?

Es existieren viele verschiedene Motivationstheorien in der Psychologie, die jeweils Teilfacetten und andere Aspekte von Motivation darstellen und erläutern. Allen gemeinsam ist die Erklärung der Frage, warum Menschen bzw. hier Ihre Schülerinnen und Schüler handeln. Für die Erklärung motivationaler Prozesse bei der Arbeit mit digitalen Medien im Unterricht eignet sich sehr gut die Selbstbestimmungstheorie (Self Determination Theory) von Deci und Ryan (z. B. 2002).

Selbstbestimmungstheorie (Deci & Ryan)

Der Fokus der Selbstbestimmungstheorie liegt in der Erklärung selbstbestimmten Handelns, das heißt einem Handeln, für das sich eine Person vollkommen selbst, also autonom entscheidet. Der Ursprungsort der Aktivität liegt also subjektiv erlebt in der Person selbst. Besondere Relevanz kommt dabei der intrinsischen Motivation zu. Im Rahmen der Selbstbestimmungstheorie ist „Verhalten dann intrinsisch motiviert, wenn es selbstbestimmt und autonom (vs. von außen kontrolliert) ist" (Rheinberg & Vollmeyer, 2012, S. 151) und sich Personen als kompetent sowie sozial eingebunden fühlen (Deci & Ryan, 1985; 2017; Schunk, Meece & Pintrich, 2014). In der Schule ist nur ein Teil des Handelns intrinsisch motiviert. Ein viel größerer Teil des Handelns von Schülerinnen und Schülern wird durch Curricula und Lehrkräfte vorgegeben, ist also eher von außen gesteuert. Diese Art bzw. Aufteilung der Motivation bilden Deci und Ryan in ihrer Theorie der Stufen der Handlungsregulation ab, indem sie weitere, eher fremdbestimmte Motivationsformen differenzieren (Deci & Ryan, 1985). Im Folgenden werden die Stufen der Handlungsregulation aufgeführt.

Intrinsische und extrinsische Motivation

Grundlegend werden im Rahmen der Selbstbestimmungstheorie drei Motivationsformen voneinander unterschieden (Deci & Ryan, 2002): Amotivation, intrinsische Motivation und extrinsische Motivation. Auf die Amotivation (keine Motivation) wird im Folgenden nicht weiter eingegangen, da dabei kein Handeln zu Stande kommt. Als intrinsisch motivierte Handlungen werden nur solche bezeichnet, die um ihrer selbst willen ausgeführt werden, weil sie Spaß machen und Freude bereiten. Alle anderen Handlungen, die ein Ziel, das über die Handlung an sich hinaus geht, beinhalten, werden als extrinsisch motiviert klassifiziert. Deci und Ryan (2002) unterscheiden hier vier verschiedene Formen extrinsischer Motivation, die sich in den nachstehenden Stufen der externen Handlungsregulation wiederfinden lassen: Externale Regulation, Introjektion, Identifikation und Integration.

Externale Regulation liegt vor, wenn ein hohes Ausmaß an Fremdbestimmung gegeben ist bzw. Personen nur handeln, um Belohnung zu erlangen oder Bestrafung zu vermeiden. So lernt eine Schülerin zum Beispiel überwiegend aus dem Grund für eine Klassenarbeit, weil ihre Eltern ihr eine Belohnung bei einer guten Note versprechen. Bei dieser Art von Motivation findet möglicherweise eine Form von Konditionierung statt (vgl. Kap. 4.1.1). *Introjektion* bezeichnet das Handeln auf Grundlage eines von außen herangetragenen Ziels, das zwar anerkannt wird, aber nicht das eigene ist. Antrieb ist das schlechte Gewissen einer anderen Person gegenüber. Bearbeiten Schülerinnen und Schüler Hausaufgaben zum Beispiel aufgrund dessen, dass sie ihre Lehrkraft nicht enttäuschen wollen, handelt es sich um Introjektion. *Identifikation* liegt vor, wenn ein Ziel auch persönlich als wichtig empfunden wird. Das ist zum Beispiel der Fall, wenn Schülerinnen und Schüler ein Lernziel wie den Erwerb von Recherchekompetenz selbst wichtig finden, um in Zukunft schneller Informationen zu eigenen Fragen zu finden. *Integration* ist darüber hinaus dann gegeben, wenn eine Person sich selbst mit den Zielen identifiziert und diese auch für sie persönlich bedeutsam werden, d.h. wenn eigene Ziele mit Zielen von außen zusammengeführt werden und Teil der eigenen Werte sind. Am Beispiel der Recherchekompetenz wäre das der Fall, wenn der Erwerb dieser zum eigenen Ziel von Schülerinnen und Schülern wird. In diesem Fall ist ein externer Anreiz zur Weiterentwicklung von Recherchekompetenz fast gar nicht mehr notwendig.

Nach der Selbstbestimmungstheorie kann die Umwelt, das heißt die Lernsituation, auf eine Art und Weise modifiziert oder gestaltet werden, dass sie selbstbestimmtes Handeln fördert. Deci und Ryan (2002) nennen vier grundlegende psychologische Bedürfnisse (Basic Needs), die erfüllt sein müssen, damit Personen intrinsisch motiviert handeln: *Autonomieerleben, Kompetenzerleben,* Erleben von *sozialer Eingebundenheit* und Erleben von *Struktur*. Hinsichtlich des *Autonomieerlebens* sollten Personen die Möglichkeit haben, Aufgaben und Handlungen frei zu wählen bzw. freie Gestaltungsmöglichkeiten ausüben zu können. Intrinsisch motivierte Handlungen sind dabei der Inbegriff des Autonomieerlebens. Personen sollten für die Erfüllung dieses Grundbedürfnisses ihre Handlungen als selbstbestimmt erleben. Autonomie fördernd sind Aspekte, wie die Möglichkeit, selbst Aufgaben zu wählen und die Möglichkeit, Handlungen selbst mitzubestimmen (Ryan & Deci, 2000).

Personen können ihre *Kompetenz* erleben, indem sie z.B. Aufgaben wählen, die ihrem Kompetenzniveau entsprechen oder bei welchen sie individuelles Feedback erhalten. Wird das Gefühl, in einer Situation etwas bewirken zu können, gestärkt und befindet sich eine Person in Situationen, in denen sie sich selbst wirksam erfährt, steigert das die intrinsische Motivation. Dies kann erreicht werden durch ein optimales Anspruchsniveau einer bestimmten Aufgabe sowie durch motivierendes Feedback (Ryan & Deci, 2000).

Deci und Ryan bezeichnen zudem die *soziale Eingebundenheit* als förderlich für intrinsisch motiviertes Handeln (Deci & Ryan, 2002). Soziale Eingebundenheit kann verstanden werden als die Sicherheit und die positive Beziehung, die eine Person zu einer anderen Person hat oder in einer Gruppe empfindet. Grolnick und Ryan (1987) zeigten zum Beispiel, dass eine geringe intrinsische Motivation bei Lernenden vorlag, die ihre Lehrkräfte als eher kalt und distanziert wahrnahmen. Distanziert bedeutet zum Beispiel, dass Lehrkräfte wenig Interesse an dem Befinden und der Meinung ihrer Schülerinnen und Schüler zeigten (Ryan & Deci, 2000). Während auf der einen Seite das Erleben von *Struktur* in Lernsettings sich positiv auf intrinsische Motivation auswirken kann, erweist sich auf der anderen Seite das Erleben von Kontrolle oder auch Druck als eher hinderlich für intrinsisch motiviertes Handeln (Deci & Ryan, 1985). In Tabelle 5 sind alle psychologischen Grundbedürfnisse zusammenfassend mit Beispielen für die Unterrichtsgestaltung dargestellt.

Reflektion digitaler Medien aus motivationstheoretischer Perspektive

Digitale Medien, insbesondere Medien, die Elemente aus Computerspielen einbinden (vgl. Kap. 3.2.2 und 4.3), erfüllen in besonderer Weise die psychologischen Grundbedürfnisse nach *Autonomie, sozialer Eingebundenheit* und *Kompetenzerleben*. Eine besondere Erfüllung dieser Grundbedürfnisse führt wie oben bereits beschrieben dazu, dass Motivation eher von innen heraus entsteht und daraus schlussendlich intrinsisch motiviertes Handeln folgen kann.

Wenn Elemente aus Computerspielen in digitale Lernformate eingebaut werden, spricht man von Gamification (Mekler, Brühlmann, Tuch & Opwis, 2017; Rigby & Ryan, 2011; Sailer & Homner, 2020; Sailer, Hense, Mayr & Mandl, 2017). Personen können Punkte oder Medaillen (sogenannte Badges) für die Fertigstellung einer Aufgabe erhalten. Aus behavioristischer Perspektive bedienen sich solche Lernformate der operanten Konditionierung und Punkte sowie Badges können als positive Verstärker eines erwünschten Verhaltens (das korrekte Lösen einer Aufgabe) angesehen werden. Darüber hinaus spielen hier aber auch die in Kapitel 3.1.1 angeführten Merkmale digitaler Medien Adaptivität und Interaktivität eine Rolle. Für das Autonomieerleben werden in digitalen Medien oftmals viele verschiedene Wahlmöglichkeiten zur Verfügung gestellt. Adaptiv ist das System, in dem Fall das Lernprogramm, in dem Sinne, dass zum Beispiel die Schwierigkeit durch die Wahlmöglichkeiten an die Fähigkeiten von Lernenden angepasst werden kann. Interaktiv ist das System, wenn Lernende selbstständig mit dem System bzw. Lernprogramm interagieren und Möglichkeiten ihrer Interaktion selbst wählen und steuern können. Beispielweise kann im Leseförderprogramm Antolin aus einer großen Bandbreite an Geschichten (sortiert nach Schwierigkeit und Inhalt) ausgewählt werden. Das ist im Unterricht nicht so einfach möglich, wenn man die ganze Klasse gleichzeitig mit demselben Unterrichtsmaterial unterrichtet. Des Weiteren gibt es in digitalen, eher spielbasierten Lernumgeben oftmals eine narrative Rahmenhandlung. Das heißt eine authentische Geschichte, die das Lerngeschehen rahmt. So werden Ziele häufig verständlicher und bewusster und – wenn andere Personen im Team zusammenspielen – führt das häufig auch dazu, dass Ziele in der Gruppe geteilt werden und die Gruppe ein gemeinsames Ziel verfolgt. Die Identifikation mit den Spielfiguren (z B. in Form von Avataren) in spielbasierten Lernsettings ist ein weiteres Merkmal, welches das Bedürfnis nach Autonomieerleben befriedigen kann. Schülerinnen und Schüler können sich im Spiel mit den Hauptprotagonisten identifizieren. Die Möglichkeit zur eigenen Identifikation ist oftmals auch durch das Anlegen eines eigenen Accounts gegeben.

Bezüglich der Befriedigung des Kompetenzerlebens kann die Adaptivität, die ein wichtiges Merkmal spielbasierter Lernumgebungen ist, genannt werden (vgl. Kap. 3.1.1). Einige Apps und Lernprogramme können auf verschiedene Schwierigkeitsstufen eingestellt werden oder stellen sich automatisch auf die Fähigkeiten der Lernenden ein. Auf der einen Seite kann dies sowohl interindividuell geschehen, was bedeuten würde, dass jede Schülerin und jeder Schüler das Lernprogramm in seiner optimalen Schwierigkeitsstufe bearbeitet. Auf der anderen Seite können durch das Programm auch intraindividuelle Anpassungen des Schwierigkeitsgrades vorgenommen werden. Wenn Lernende immer wieder dieselben Fehler machen, kann das Programm verschiedene Hinweise und Aufgaben einschalten, die weiterhelfen und eventuelle Verständnis- und Wissenslücken schließen. Dies führt zu einem Anregungsniveau, das zu den Fähigkeiten der Lernenden passt. In spielbasierten Lernsettings ist es sehr einfach, direktes Feedback zu liefern. Außerdem können durch Gruppenspielfunktionen Aufgaben bewältigt werden, die eine Person alleine nicht bewältigen kann. Auch das kann das Erleben von Kompetenz fördern. Vorsicht ist an dieser Stelle allerdings geboten, wenn Gruppenspiel-Optionen und Feedback-Funktionen zu einem kompetitiven Lernverhalten bei Schülerinnen und Schülern führen. Wenn es also nicht mehr um das Lösen der Aufgaben, sondern nur noch um das Besser-Sein geht, kann sich dieses zu Ungunsten der Motivation von einigen Schülerinnen und Schülern auswirken (Kapp, 2012; Sailer et al. 2017).

Das Bedürfnis nach sozialer Eingebundenheit kann durch direktes und individuelles Feedback und die Wertschätzung des Lernens befriedigt werden. Allen Schülerinnen und Schülern im Klassenraum gleichermaßen individuelles Feedback auf ihre Aufgabenlösungen zu geben, ist kaum möglich. Gruppenspiel-Funktionen in gamifizierten Lernsettings stellen oftmals gute Möglichkeiten für kollaboratives oder kooperatives Lernen dar und fördern somit die soziale Eingebundenheit. Beide Formate, kollaboratives und kooperatives Lernen, sind Formen des Lernens in Gruppen. Von kollaborativen Gruppenaufgaben spricht man, wenn ein Problem gemeinsam gelöst wird und durch Austausch und Diskussion der Gruppenmitglieder ein gemeinsames Verständnis entsteht. Bei kooperativem Lernen in Gruppen unterstützen sich die Gruppenmitglieder beim Lernen untereinander, das Lernen an sich ähnelt aber eher dem Lernen in Einzelarbeit. Bezüglich der Förderung der sozialen Eingebundenheit durch gamifizierte Lernsettings gilt jedoch dieselbe Einschränkung, die schon beim Kompetenzerleben erwähnt wurde. Neben den genannten Aspekten können Rollenmodelle wie Personen in Erklärvideos auf YouTube die soziale Eingebundenheit fördern. Personen, die beispielsweise einen Lerninhalt genauso wenig verstanden haben wie die Lernenden selbst, bieten viele Ansatzmöglichkeiten zur Identifikation, was motivierend wirken kann. Einen Überblick über die Förderung der psychologischen Grundbedürfnisse nach Deci und Ryan durch Elemente aus digitalen Medien bietet Tabelle 5.

In Kapitel 3.2.2 werden aktuelle Studienergebnisse zur Wirkung von Gamification auf das Lernen und die Motivation dargestellt. Dort werden spezielle Elemente der Gamification, wie Wahlmöglichkeiten, das Erlangen von Badges oder narrative Rahmenhandlungen und ihre theoretischen sowie empirischen Potenziale hinsichtlich der Motivationsförderung noch einmal genauer dargestellt.

Flow

Die Flow-Theorie befasst sich mit Tätigkeiten, die in sich selbst vollkommen befriedigend sind. Wenn man den Fokus auf intrinsisch motivierte Tätigkeiten legt, beschreibt das Erleben von Flow nach der Flow-Theorie von Csikszentmihalyi (1990) das vollständige Aufgehen in einer intrinsisch motivierten Tätigkeit. Im Unterricht ist es normalerweise sehr schwer Flow-Erleben herbeizuführen. Unter Einbezug digitaler Medien wird dies erleichtert. Zunächst werden grundlegende Elemente des Flows erläutert und dann dargestellt, warum digitale Lernumgebun-

Tabelle 5: Psychologische Grundbedürfnisse der Selbstbestimmungstheorie

Bedürfnis	Erläuterung	Umsetzungsmöglichkeiten in der Schule	Förderung durch digitale Medien
Autonomieerleben	Freie Mitbestimmung von Aufgaben und Handlungen	• Verschiedene Auswahloptionen bereitstellen • Lernziele gemeinsam besprechen und klären • Bedeutsamkeit von Lernzielen erläutern	• Wahlmöglichkeiten für Aufgaben • Narrative Rahmenhandlung • Identifikation mit Spielern durch Avatare
Kompetenzerleben	Positives Erleben und Wahrnehmen der eigenen Fähigkeiten	• Zu den Fähigkeiten passende Anforderungsniveaus der Aufgaben • Individuelles Feedback	• Adaptivität der Spiele • Direktes Feedback nach jeder Aufgabenlösung • Feedbackdarstellungen durch verschiedene Möglichkeiten: Inhaltlich, Punkte, Performanzgraphik der persönlichen Weiterentwicklung
Soziale Eingebundenheit	Sicherheit und die positive Beziehung, die eine Person zu einer anderen Person hat oder in einer Gruppe empfindet	• Wärme • Gutes Klassenklima • Freundschaften in der Klasse • Beziehungsaufbau	• direktes und individuelles Feedback • Gruppenspielfunktionen • Identifikation mit Protagonisten

gen besonders günstig für das Flow-Erleben sind. Nakamura und Csikszentmihalyi (2014) nennen neun Dimensionen des Flow-Erlebens:

1. Optimale Passung von Aufgabenanforderung zur Fähigkeit
2. Klare Wahrnehmung von Zielen
3. Umgehendes und eindeutiges Feedback
4. Bewusstsein über die Kontrolle der Handlung

5. Handeln als Selbstzweck
6. Es muss sich um eine intrinsisch motivierte Tätigkeit handeln
7. Verschmelzen von Bewusstsein und Tätigkeit
8. Auf die aktuelle Aufgabe fixiert sein
9. Selbstvergessenheit und Bewusstsein für Zeit gehen verloren

Eine der zentralen Bedingungen dafür, dass Flow-Erleben entstehen kann, ist die erste Dimension, das heißt die optimale Passung des Anforderungsniveaus der Aufgaben zu den Fähigkeiten von Lernenden. Im Klassenkontext ist diese Bedingung für jede individuelle Schülerin und jeden individuellen Schüler kaum umsetzbar. In digitalen Lernumgebungen mit Gamification-Elementen oder bei der Nutzung intelligenter tutorieller Systeme ist dies aber zentraler Bestandteil. Hier werden Aufgabenschwierigkeiten automatisch auf das Fähigkeitsniveau von Lernenden angepasst und überwiegend erfolgt ein passendes und direktes Feedback auf die Aufgabenlösungen (Hamari & Koivisto, 2014; Hamari, 2017). So wird ein großes Potenzial in digitalen Lernumgebungen für die Herbeiführung von Flow-Erleben gesehen.

Fazit

Als intrinsisch motivierte Handlungen werden solche bezeichnet, die um ihrer selbst willen ausgeführt werden. Extrinsisch motivierte Handlungen sind solche, die ein Ziel verfolgen, das über die Handlung selbst hinausgeht. Die Erfüllung der Basic Needs (der psychologischen Grundbedürfnisse) kann Motivation fördern. Zu diesen Basic Needs gehören nach Deci und Ryan das Erleben von sozialer Eingebundenheit, Kompetenzerleben, Autonomieerleben und Strukturerleben. Als Flow bezeichnet man einen Zustand, bei dem eine Person vollkommen in der intrinsisch motivierten Tätigkeit aufgeht.

3.1.4 Differenzierung und Inklusion

Lehrkräfte aller Schulformen stehen vor der Herausforderung, eine heterogene Schülerschaft angemessen zu fordern und zu fördern. Unter dem Regenschirmbegriff der Inklusion verbinden sich dabei unter anderem die Differenzlinien von Behinderung, Migrationshintergrund, Bildungsnähe und Geschlecht. Zudem unterscheiden sich Schülerinnen und Schüler in ihren Interessen, der (Lern-)Motivation, dem Vorwissen, der Intelligenz, der Konzentrationsfähigkeit, der Ängstlichkeit, der Unsicherheitstoleranz, der Fähigkeit und Bereitschaft zum selbstgesteuerten Lernen etc. Dieser Heterogenität wird bekanntermaßen eine One-Size-Fits-All-Lösung, wie die Orientierung an der unteren Mitte, nicht gerecht. Die notwendige *Differenzierung,* indem beispielweise unterschiedliche Aufgaben in Abhängigkeit vom Leistungsniveau gegeben werden, ist im Klassenkontext in vielerlei Hinsicht aufwändig. Der zusätzliche Einsatz digitaler Medien kann daher individualisierte Lernangebote vereinfachen.

Die Vorteile gängiger digitaler Medien (vgl. Kap. 3.1.1) sind dabei offensichtlich: Übungssysteme erlauben es Schülerinnen und Schülern, nach eigenem Bedarf eine beliebige Anzahl von Durchgängen beim Erwerb von Fertigkeiten (z. B. Rechenaufgaben) oder Wissenserwerb (z. B. Vokabellernen) durchzuführen – und verlieren dabei nie die Nerven. Intelligente tutorielle Systeme gehen dabei sogar noch weiter, indem Merkmale der Lernenden, z. B. ihr Wissensstand, direkt berücksichtigt werden. So kann ein grundlegender Text in vereinfachter Sprache oder einer anderen Sprache als Deutsch dargeboten werden. Ist das System zudem adaptiv, ist es in der Lage, das Lernangebot, die Hilfestellungen (Prompts) und Rückmeldung während des Lernprozesses laufend an die individuellen Lernenden anzupassen.

Digitale Medien können in inklusiven Settings auch im Bereich der Lern- und Leitungsdiagnostik unterstützen, indem adaptiv getestet wird. Im Unterschied zu Aufgaben oder Tests, die auf Papier bearbeitet werden, kann bei der computerbasierten Vorgabe die Aufgabenschwierigkeit direkt beim Testen angepasst werden, das heißt, wenn einige leichte Aufgaben erfolgreich erledigt worden sind, bietet das System schwierigere Aufgaben an, so dass der Zeitaufwand reduziert und Frustrationen durch zu leichte oder zu schwere Aufgaben vermieden werden. Einen Überblick über Online-Screenings und laufende Forschungsprojekte zur onlinebasierten Lernverlaufsdiagnostik und Intervention gibt das Projekt LONDI „Lernstörungen. Onlineplattform für Diagnostik & Intervention“ (www.londi.de).

Weitere Chancen für personalisierte digitalisierte Lernumgebungen eröffnet möglicherweise in der Zukunft maschinelles Lernen auf der Basis von Big Data (Learning Analytics). Durch die Sammlung und Analyse großer Datenmengen können digitale Lernumgebungen optimiert werden. Dies erfordert aber unbedingt eine theorie- und wissenschaftsbasierte pädagogische Fundierung sowie die Auseinandersetzung mit Datenschutzvereinbarungen.

Inklusiver Unterricht kann aber nicht nur von Digitalisierung profitieren. Zugleich braucht es im Sinne des Lernens für die digitale Welt (Kap. 2) auch eine *inklusive Medienbildung* als Voraussetzung für gesellschaftliche Teilhabe, die zielgruppenspezifische und -übergreifende Medienbildungsangebote in Form von aktiver Auseinandersetzung mit digitalen Medien erforderlich machen (vgl. Kamin, 2020).

3.2 Aktuelle Forschungsbefunde

Zum Einfluss digitaler Medien auf verschiedene (Leistungs-)Merkmale und das Verhalten von Schülerinnen und Schülern wird im Moment viel geforscht. Deswegen werden im Folgenden zwei Forschungsaspekte herausgegriffen, die in der letzten Zeit in besonderer Weise diskutiert werden: der Einfluss digitaler Medien auf das Leseverständnis und auf die Motivation von Schülerinnen und Schülern. Die in Kapitel 3.1.2 erläuterten kognitiven Aspekte des Lernens mit digitalen Medien greifen wir hier nicht auf, erläutern wir aber besonders in Kapitel 3.3. Anhand ausgewählter empirischer Studien werden im Folgenden positive wie auch negative Effekte des Lernens mit digitalen Medien diskutiert.

3.2.1 Leseverständnis beim Lesen analoger und digitaler Texte

Ein wichtiger kognitiver Prozess, der beim Lernen mit digitalen Medien in der Schule häufig eher kritisch gesehen wird und teilweise mit der Belastung des Arbeitsgedächtnisses zusammenhängt, ist das Verständnis beim Lesen von Online-Texten (Lesen multipler Texte) bzw. beim Lesen von Texten auf digitalen Endgeräten (digitales Lesen). Am Beispiel des Leseverständnisses beim Lesen digitaler Texte zeigt sich sehr gut, dass es nicht nur kognitive Prozesse sind, die dazu beitragen, was von einem Text verstanden und welche Inhalte gelernt werden oder nicht. Auch motivationale Aspekte, wie die Einstellung zum Lesen digitaler Texte sowie metakognitive Aspekte, wie Überwachungsstrategien, tragen zum Leseverständnis bei und können sich beim Lesen analoger vs. digitaler Texte unterscheiden. Mit Leseverständnis auf Textebene ist hier der Aufbau eines Situationsmodells gemeint. Das heißt Leserinnen und Leser setzen die Inhalte eines Textes aktiv mit ihren Vorerfahrungen und ihrem Vorwissen in Verbindung und konstruieren so ihr eigenes Bild über die Inhalte und Informationen eines Textes. Grundlegend dafür sind Lesefertigkeiten und Verstehensprozesse auf Wort- und Satzebene (Christmann & Groeben, 2006).

Zentrale Befürchtungen oder sogar Vorurteile hinsichtlich des digitalen Lesens sind, dass das Lesen auf digitalen Endgeräten häufig als unangenehmer empfunden wird. Des Weiteren wird angenommen, dass das Lesen auf digitalen Endgeräten die Augen mehr belaste und dass die Lesezeit eines Textes aufgrund von verschiedenen Ablenkungen durch das digitale Endgerät länger sei (Clinton, 2019; Herold, 2014). Zu den Befürchtungen, die oftmals mit dem Lesen auf digitalen Endgeräten einhergehen, kommen Besonderheiten des Lesens von Texten. Gerade Internettexte oder Dokumente von Homepages zeichnen sich durch ein multiples Format aus. Das bedeutet, meist werden nicht nur ein Text, sondern mehrere Texte gelesen, die zusätzlich durch Hyperlink-Strukturen oder Kombinationen von Bild und Text (vgl. Kap. 3.1.2) angereichert sind (Philipp, 2020). Wenn man zum Beispiel nach Informationen zu einem bestimmten Land im Internet recherchiert, wird der erste Text, den eine Person liest, höchstwahrscheinlich der Wikipedia-Eintrag über das Land sein. Dabei bleibt es aber nicht. Die Person kann sich die geografische Lage des Landes automatisch auf GoogleMaps anzeigen lassen und kommt über Hyperlinks und weitere Suchergebnisse auf Statistiken zur Bevölkerungsanzahl sowie Graphiken über die Fauna und Flora des Landes. Philipp (2020) fasst die Herausforderungen des Lesens digitaler multipler Dokumente folgendermaßen zusammen (siehe auch Magliano, McCrudden, Rouet & Sabatini, 2018):

- Die Anzahl der verfügbaren Texte steigt.
- Leserinnen und Leser müssen selbstständig einen Zusammenhang der Inhalte verschiedener Texte herstellen.
- Für das Lesen digitaler Texte sind zusätzliche und andere Lesestrategien erforderlich, die bislang wenig eingeübt werden.
- Texte werden seltener hinsichtlich ihrer Qualität editiert und gestaltet.
- Oft verstecken sich in Texten widersprüchliche und fragliche Quellen (Stichwort: Fake News).

Anfang 2019 haben 130 europäische Wissenschaftlerinnen und Wissenschaftler die sogenannte Stavanger-Erklärung unterschrieben. Mit ihrer Unterschrift befürworteten sie die Ansicht, dass sich das Lesen von Texten in digitaler Form vom Lesen analoger Texte unterscheidet.

Hauptaspekte der Stavanger-Erklärung

- Das Verständnis von langen Informationstexten gelingt beim Lesen auf Papier besser.
- Es gibt keine Unterschiede (analog vs. digital) beim Lesen von narrativen Texten.
- Das Alter und die Vorerfahrung mit digitalen Medien der Lesenden spielen keine Rolle für das Leseverständnis beim Lesen analoger oder digitaler Texte.
- Vorteile des Lesens digitaler Texte ergeben sich dann, wenn für das Leseverständnis und die Motivation eine Anpassung der Leseumgebung auf die individuellen Bedürfnisse des Lesenden erfolgt.

Handlungsvorschläge der Stavanger-Erklärung

- Die Vermittlung von Lesestrategien beim Lesen digitaler Texte scheint für ein tieferes Textverständnis zentral.
- In der Schule sollten gedruckte Texte genutzt werden.
- Es sollte keine rasche, übereilte Umstellung in Schulen auf digitale Endgeräte geben. Vor allem sollte dies nicht in der Primarstufe beim Lesenlernen geschehen.

Grundlage für die Stavanger-Erklärung waren drei in den letzten Jahren veröffentlichte Metaanalysen, die allesamt zu demselben Ergebnis kamen: Das Leseverständnis beim analogen Lesen fällt besser aus als das beim Lesen auf digitalen

Endgeräten. Die Effektstärken und zentralen Aspekte der Metaanalyse können Tabelle 6 entnommen werden.

Tabelle 6: Design und Effektstärken der Metaanalysen zum Leseverständnis beim digitalen Lesen

Metaanalyse	Anzahl der enthaltenen Studien	Einbezogene Jahre	Effektstärke Hedges g
Kong et al. (2018)	17	2000–2016	-0.21
Delgado et al. (2018)	54	2000–2017	-0.21
Clinton (2019)	33	2008–2018	-0.25

Anmerkung: Eine negative Effektstärke bedeutet hier, dass das Leseverständnis bei digitalem Lesen schlechter ausfällt als bei analogem Lesen.

Allen drei Metaanalysen ist gemein, dass sie kleine signifikante Effektstärken zu Gunsten des analogen Lesens aufzeigen. Das heißt, das Leseverständnis ist beim Lesen von Print-Texten ein wenig besser als beim Lesen auf digitalen Endgeräten. Neben den allgemeinen Effekten auf das Leseverständnis untersuchten alle Metaanalysen auch bestimmte Moderatoren.

Moderatoren und Moderationsanalyse

Als *Moderator* werden Variablen bezeichnet, die dazu führen können, dass es Unterschiede in den Effekten gibt, in diesem Fall im Effekt des Repräsentationsmediums auf die Verständnisleistung. Es wird also beispielsweise untersucht, ob der Moderator Geschlecht den Zusammenhang von Repräsentationsmedium und Leseverständnis beeinflusst. Wäre dies rein hypothetisch der Fall, könnte geschlussfolgert werden, dass Mädchen beim Lesen von Texten auf digitalen Endgeräten ein schlechteres Leseverständnis zeigen als Jungen (fiktives Beispiel). Moderationsanalysen werden dazu genutzt, mehr Verständnis über die Entstehung bestimmter Effekte zu erlangen.

Als wichtigster Moderator für den Effekt des Mediums auf das Leseverständnis erwies sich die Textart. Das Leseverständnis beim analogen Lesen war nämlich nur besser, wenn es sich um Informationstexte handelte (Clinton, 2019; Delgado, Vargas, Ackerman & Salmerón, 2018). Des Weiteren lasen Personen unter Zeitdruck analoge Texte besser (Delgado et al., 2018) und zeigten ein höheres Maß an metakognitiven Überwachungsstrategien. Weiterhin verstärkte sich der Effekt zugunsten des analogen Lesens bei aktuelleren Studien im Vergleich zu älteren

Studien. Eine mögliche Erklärung dafür könnte sein, dass in jüngeren Generationen durch das vermehrte digitale Lesen grundlegende Lesestrategien nicht mehr ausreichend eingeübt sind (Delgado et al., 2018). Der Effekt des Repräsentationsmediums auf das Leseverständnis veränderte sich dagegen nicht durch die Dauer des Lesens, das Level der Schulbildung, die Textlänge, die Art des digitalen Endgerätes, die Art der Verstehensleistung, das Testformat und die Benutzung der Scrollfunktion beim digitalen Lesen.

Was jedoch nicht aus den Metaanalysen hervorgeht, ist, ob es sich beim Lesen der Texte um multiple Dokumente handelte oder nicht. Auch zeigen neue Entwicklungen in Smartphone, Tablet- und Notebook-Technologie immer mehr Möglichkeiten mit einem Text zu arbeiten. Bevor die Handlungsaufforderungen der Stavanger-Erklärung unreflektiert übernommen werden, sind die weitere Entwicklung und andere in den vorherigen Kapiteln herausgearbeitete positive Merkmale der Nutzung digitaler Medien (z. B. hinsichtlich der Motivation) zu berücksichtigen. Das heißt, eine pauschale Stigmatisierung des Lesens auf digitalen Endgeräten ist nicht möglich. Vorteile, wie eine Adaption der Textschwierigkeit an das Leselevel von Schülerinnen und Schülern, müssen bei der Planung von Unterricht mitbedacht werden. Solche Aspekte können dann trotz der allgemeinen negativen Befundlage hinsichtlich des Lesens von Texten auf digitalen Endgeräten zu einem größeren Lernzuwachs führen.

Fazit

Das Leseverständnis beim Lesen auf digitalen Endgeräten fällt in Metaanalysen etwas schlechter aus als das Leseverständnis beim Lesen von Printmedien. Wichtige Moderatoren sind die Textart und der Zeitdruck beim Lesen. Das Lesen multipler Textformate stellt Leserinnen und Leser somit vor neue Herausforderungen, wie das selbstständige Herstellen eines Zusammenhangs unterschiedlichster Texte oder die Überprüfung der Qualität und Glaubwürdigkeit von Texten.

Zum Weiterlesen

Philipp, M. (2018): *Lesekompetenz bei multiplen Texten: Grundlagen, Prozesse, Didaktik*. Tübingen: Francke.

3.2.2 Motivierende Effekte des Lernens mit digitalen Medien: Stichwort Gamification

Gamification ist eine wirkungsvolle Möglichkeit, Schülerinnen und Schüler zum Lernen zu motivieren. Von Gamification wird im Allgemeinen dann gesprochen, wenn Elemente aus Computerspielen in nicht computerspielbezogene Kontexte übertragen werden (vgl. Kap. 4.1.5). Wenn Gamification in schulischen Kontexten eingesetzt wird, ist es jedoch von größter Bedeutung zu reflektieren, dass die Wirkung des vermehrten Einsatzes computerspielbasierter Elemente auf Motivation in zwei Richtungen gehen kann. Der Einsatz kann positive Folgen für die Motivation, aber auch negative Folgen haben. Dies hängt maßgeblich von der individuellen Bewertung der Aufgabe bzw. der Tätigkeit durch die Lernenden ab. Bei einem Schüler, der sehr viel Freude beim Lesen von Geschichten hat und intrinsisch motiviert ist, können Gamification-Elemente dazu führen, dass die intrinsische Motivation sinkt und extrinsische Motivation steigt. Dies wird in der Forschung als *Korrumpierungseffekt* beschrieben. Ein Schüler, der jedoch schwer zum Lesen zu überreden ist und Lesen im Allgemeinen langweilig findet, kann durch Gamification-Elemente mehr motiviert werden. Studien, die solche Korrumpierungseffekte untersuchen, kommen teilweise zu unterschiedlichen Ergebnissen je nach Domäne und Spezifität. Trotzdem sei die Möglichkeit des Effekts bei der Auswahl und dem Einsatz von digitalem Lernmaterial mit Gamification-Elementen zu reflektieren.

Korrumpierungseffekt

Ein Korrumpierungseffekt tritt dann ein, wenn eine Handlung zunächst intrinsisch motiviert ist, durch Anreize, wie z. B. Belohnungen, dann aber extrinsisch motiviert wird.

Neben anderen Autoreninnen und Autoren stellen Sailer et al. (2017) folgende Gamification-Elemente heraus, von denen angenommen wird, dass sie besonders motivierend wirken:

- Verschiedene Arten von Feedback: Punktesysteme, Medaillen und Urkunden (Badges), Ranglisten (Leaderboards), grafische Darstellungen über die persönliche Entwicklung (Performance graphs)
- Auswahloptionen
- Einbettung des Spiels in eine authentische Geschichte: Rahmenhandlung
- Avatar-Funktionen
- Gruppenspieloptionen

Am Beispiel des Leseförderprogramms Antolin und der Quiz-App Kahoot! werden in Tabelle 7 die in den Programmen enthaltenen Gamification-Elemente veranschaulicht.

Wie wirkt Gamification auf Motivation und Lernen?

Theoretisch ist die Wirkung von Gamification auf Motivation mit der Selbstbestimmungstheorie über die Basic Needs (psychologischen Grundbedürfnisse) gut begründet (Mekler et al., 2017; Rigby & Ryan, 2011; Sailer et al., 2017). In der Re-

Tabelle 7: Gamification-Elemente in Antolin und Kahoot!

Beispiel	Vorhandene Gamification-Elemente
Antolin Leseförderprogramm für Schülerinnen und Schüler von der ersten bis zur zehnten Klasse. Lernende können verschiedene Bücher lesen, dazu Fragen beantworten und bekommen dafür Punkte. https://antolin.westermann.de	Feedback in Form von: • Punktesystem – Anzahl der Punkte, die Schülerinnen und Schüler erhalten oder verlieren, variiert je nach Schwierigkeitsgrad des Quiz • Grafik am Ende des Quiz, welche die Leistung von Schülerinnen und Schülern in Prozent anzeigt • Verleihung von Orden in Bronze, Silber und Gold • Vergabe von Urkunden Auswahloption: • Geschichten können von Schülerinnen und Schülern selbst ausgewählt werden • Schwierigkeitsgrad kann gewählt werden – blaue Kappe = 10 oder 15 Fragen zum Buchinhalt, rote Kappe = 11 oder 16 Fragen zum Inhalt, Nachdenken und Bilden eigener Meinung, grüne Kappe = 10 einfache Frage für Leseanfängerinnen und Leseanfänger oder leseschwache Schülerinnen und Schüler • Auswahl zwischen Sprach-Quiz, Nachschlage-Quiz und Lehrwerks-Quiz • Auswahl, ob das Quiz laut vorgelesen werden soll Weiteres: • Persönlicher Account: Für die Nutzung muss ein persönlicher Account (Benutzername und Kennwort) erstellt werden • Gruppenspielfunktion durch z. B. Klassenvergleich: Diagramme zeigen Klassenvergleich (Anzahl der gelesenen Bücher, verdiente Punkte, wie gut Quizfragen beantwortet wurden)
Kahoot! App zur Erstellung von Quizfragen. https://kahoot.com	Feedback in Form von: • Punktesystem – die Person, die am schnellsten die richtige Antwort gibt, bekommt die meisten Punkte • Streak (Serie von richtig beantworteten Fragen) – wird aufrechterhalten, wenn Schülerinnen und Schüler mehrere Fragen hintereinander richtig beantworten • Podest – die besten drei Spielerinnen und Spieler werden mit Bronze, Silber und Gold aufgelistet • Scoreboard – während des Spiels können die Spielerinnen und Spieler nach jeder Frage ihre Punkte und das Ranking sehen

Tabelle 7: Fortsetzung

	Auswahloptionen: • Die Lehrkraft und/oder Schülerinnen und Schüler können Quiz zu verschiedenen Themen auswählen Weiteres: • Gruppenspieloptionen sind möglich • Persönlicher Account: Zwar keine Avatare, aber Spielerinnen und Spieler können sich einen Spielernamen geben • Klassenvergleich: Lehrkraft erhält Berichte über den Fortschritt der Schülerinnen und Schüler

alität ist es jedoch nicht so einfach, auf die Frage nach der Wirkung von Gamification eine klare Antwort zu finden. Deswegen werden im Folgenden die Ergebnisse einer aktuellen Metaanalyse (Sailer & Homner, 2020) und zur detaillierteren Beschreibung exemplarisch zwei Studien vorgestellt (Quintas, Bustamante, Pradas & Castellar, 2020; Sailer et al., 2017).

Ergebnisse von Metaanalysen

In ihrer Metaanalyse zur Wirkung von Gamification auf das Lernen fassten Sailer und Homner (2020) Effekte von insgesamt 19 Studien zusammen. Hier waren Studien mit Personen verschiedener Altersgruppen inbegriffen. Neben der Wirkung von Gamification auf Motivation untersuchten sie auch die Wirkung auf kognitive Outcome-Variablen (z.B. Wissenserwerb, Leistung) und das Lernverhalten (z.B. Ausdauer, Engagement). Insgesamt fanden sie für alle Variablen kleine, aber signifikante Effektstärken (siehe Tabelle 8).

Tabelle 8: Wirkung von Gamification auf das Lernen (Sailer & Homner, 2020)

Outcome Variable	Effektstärke Hedges *g*	Interpretation der Effektstärke
Kognitive Leistung	0.49	mittlerer Effekt
Motivation	0.36	kleiner Effekt
Lernverhalten	0.25	kleiner Effekt

Bei genauerer Betrachtung der zusammengefassten Studien und strengerer Auswahl der Studien hinsichtlich von Gütekriterien guter Forschung kommen die Autoren zu dem Fazit, dass der positive Effekt von Gamification auf die kognitive Lernleistung als stabil zu betrachten ist, wohingegen die Effekte auf Motivation

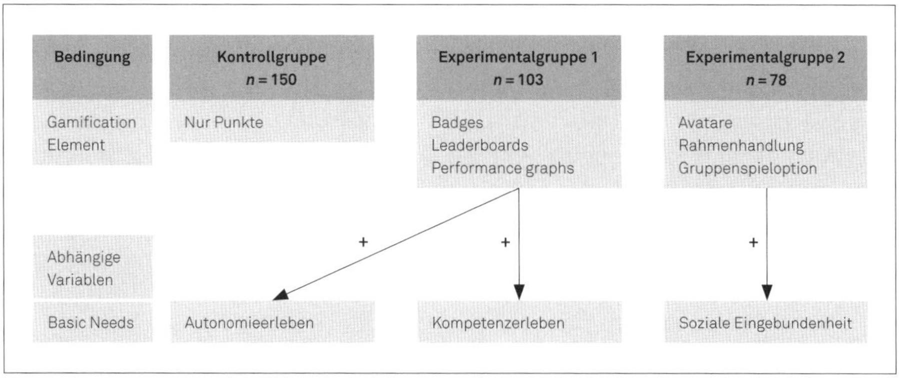

Abbildung 11: Zusammenfassung der Wirkung spezifischer Gamification-Elemente auf die Basic Needs (Sailer et al., 2017, eigene Darstellung)

und Lernverhalten sehr unterschiedlich ausfielen. Dies könnte zum Beispiel daran liegen, welche Art der Motivation in den Studien erhoben wurde (extrinsische oder intrinsische Motivation).

Wirkung von Gamification auf Basic Needs

Eine detaillierte Betrachtung der Wirkung der oben genannten Gamification-Elemente auf die Basic Needs (Autonomieerleben, Kompetenzerleben und soziale Eingebundenheit) liefert die Studie von Sailer et al. (2017). Untersucht wurden insgesamt $N = 313$ junge Erwachsene. Die Ergebnisse sind in Abbildung 11 dargestellt. Beim Vergleich einer Kontrollgruppe mit zwei verschiedenen Experimentalgruppen, die jeweils Spiele mit anderen Gamification-Elementen spielten, zeigte sich ein positiver Effekt von Feedbackfunktionen, wie Badges, Leaderboards und Performancegraphs auf das Autonomieerleben und das Kompetenzerleben. Die Nutzung von Avataren, Rahmengeschichten und Gruppenspieloptionen hatte einen Effekt auf die soziale Eingebundenheit.

Personen, die sich in der Kontrollgruppe befanden und ausschließlich Punkte für das Lösen von Aufgaben bekamen, zeigten keine Veränderungen in dem Erleben von Basic Needs. Will man spezifische Basic Needs fördern, sollte man also über die ausschließliche Punktevergabe hinaus planen.

(Quasi-) Experiment

Einzelne Originalstudien, die in Kapitel 3.2 berichtet werden, wurden fast ausschließlich experimentell oder quasi-experimentell durchgeführt. Wie in Kapitel 4.1.2 zur Medienforschung veranschaulicht wird, können Experimente nicht in allen Bereichen der Forschung über digitale Medien umgesetzt werden. Ein großer Vorteil experimenteller Designs ist, dass mit ihnen Kausalaussagen geprüft, also Wirkanalysen durchgeführt werden können. Ziel ist es, durch die systematische Manipulation bestimmter Variablen (unabhängige Variablen) herauszufinden, wie sie auf sogenannte Outcomevariablen (abhängige Variablen) wirken. Dazu teilt man Personen in verschiedene Gruppen (Experimental- und Kontrollgruppen) ein und variiert die Bedingungen in den Gruppen. Optimal ist eine randomisierte, also zufällige, Einteilung in Versuchsgruppen und eine möglichst gute Kontrolle potenzieller Drittvariablen. Quasiexperimentell ist das Design, wenn eine Randomisierung der Versuchsgruppen nicht oder nur in Teilen umgesetzt werden kann.

Wirkung von Gamification im Sportunterricht

Die Ergebnisse der Studie von Sailer et al. (2017) basieren auf einer Stichprobe von jungen Erwachsenen, die um Durchschnitt 22 Jahre alt waren. Studien zur Wirkung von Gamification in der Schule gibt es bislang nur vereinzelt. Sind in unserem Alltag Spielekonsolen schon fest etabliert und Spiele wie Let's Dance für viele Kinder, Jugendliche aber auch Erwachsene zu Hause ein Vergnügen und eine gängige Freizeitbeschäftigung, ist der Nutzen solcher Spiele, genauer Exergames, für den Unterricht zwar theoretisch gut ableitbar, aber empirisch noch weitgehend unerforscht. Exergames sind Fitnessspiele, die zu körperlicher Betätigung auffordern. Eine Studie untersuchte den Effekt von Exergames im Sportunterricht im Rahmen einer Unterrichtsreihe zum Tanzen (Quintas et al., 2020). Beteiligt waren $N = 417$ Schülerinnen und Schüler der sechsten und siebten Klassen, die in zwei Gruppen aufgeteilt wurden. Die Kontrollgruppe hatte über den Versuchszeitraum analogen Unterricht durch eine Lehrkraft zum Thema Tan-

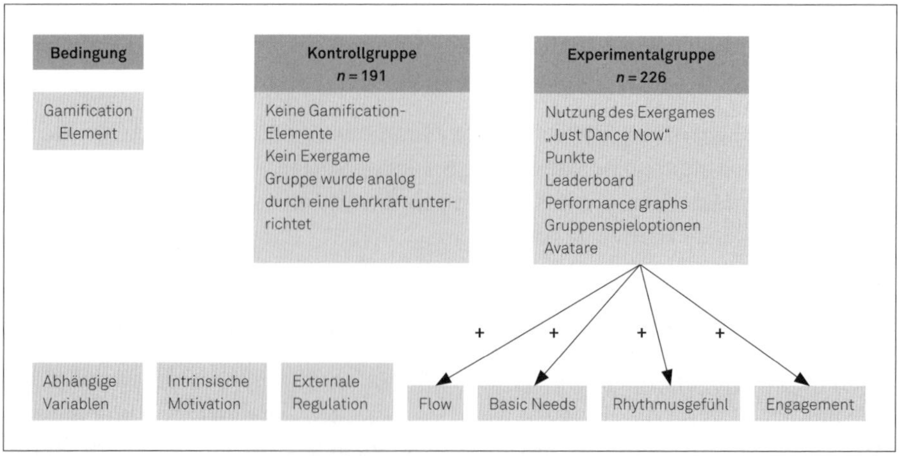

Abbildung 12: Zusammenfassung der Wirkung von Gamification im Sportunterricht (Quintas et al., 2020, eigene Darstellung)

zen. In der Experimentalgruppe wurde das Thema Tanzen mit Hilfe des Exergames „Just Dance Now“ erarbeitet. Weitere Gamification-Elemente dienten der Experimentalgruppe außerdem zum Überblick ihrer Leistungen beim Tanzen (siehe Abbildung 12).

Bezüglich des Flow-Erlebens blieb in der Experimentalgruppe die Wahrnehmung der Schülerinnen und Schüler über die Handlung – also hier das Tanzen, als Selbstzweck – konstant, wohingegen diese Wahrnehmung in der Kontrollgruppe sank. Ein ähnliches Bild zeigte sich für die Befriedigung der Basic Needs. Diese wurden über die Zeit von der Kontrollgruppe geringer eingeschätzt, blieben in der Experimentalgruppe aber auf einem konstanten Niveau. Durchgehend positive Veränderungen konnten die Forscherinnen und Forscher im Rhythmusgefühl und im Engagement der Schülerinnen und Schüler der Experimentalgruppe feststellen. Schülerinnen und Schüler in der Experimentalgruppe zeigten sowohl ein besseres Rhythmusgefühl als auch höheres Engagement als Schülerinnen und Schüler der Kontrollgruppe.

Fazit

Unter Gamification versteht man die Nutzung spielbasierter Elemente aus Computerspielen für digitale Lernumgebungen. Wichtige Gamification-Elemente sind verschiedene Arten von Feedback und Punktesystemen, narrative Rahmenhandlungen, die Möglichkeit Avatare zu erzeugen, Auswahl- und Teamspieloptionen. Gamification-Elemente haben einen positiven Einfluss auf das Erleben der Basic Needs. Gamification wirkt positiv auf kognitive Leistung, Motivation und Lernverhalten. Vorsicht ist geboten, wenn Handlungen bei Personen bereits intrinsisch motiviert sind. Dann kann es zu einem Korrumpierungseffekt kommen.

3.3 Handlungsoptionen und konkrete Umsetzung

Nach der Erläuterung theoretischer Grundlagen und zentraler Einblicke in ausgewählte lerntheoretische und motivationspsychologische Forschung zum Lernen mit digitalen Medien können zum Abschluss dieses Teilkapitels einige Handlungsoptionen dargelegt werden. Hier wollen wir aus den oben beschrieben Theorien praktische Hinweise ableiten und einige Best-Practice-Beispiele vorstellen. In unserem Fallbeispiel darf Anna-Lena ihr Smartphone im Unterricht und auf dem Schulgelände benutzen. Doch stellen sich dabei viele Fragen der Umsetzung und Regelung, weswegen wir der Smartphone-Nutzung in der Schule ein extra Kapitel widmen. An die Frage, welche Vorteile und Nachteile durch die Nutzung von Smartphones und anderen mobilen Endgeräten in Schulen entstehen, schließt die Betrachtung verschiedener LernApps an. Hier betrachten wir digitale Medien insbesondere als Werkzeug und wollen eine Auswahl an LernApps zur Verfügung stellen, die Lernstrategien fördert und unterstützt. Weiterhin präsentieren wir zwei Checklisten, die helfen sollen, digitale Medien für das Lernen von Schülerinnen und Schülern selbst zu beurteilen und Potenziale sowie Gefahren einzuschätzen. Abschließend werden mehrere Best-Practice-Projekte zum Einsatz digitaler Medien in Lernkontexten vorgestellt, die sich deswegen auszeichnen, weil sie zum einen auf Grundlage psychologischer Theorien entwickelt und zum anderen hinsichtlich ihrer Wirksamkeit überprüft sind.

3.3.1 Smartphone-Nutzung oder Bring Your Own Device im Unterricht

Einige der oben dargestellten Systeme, insbesondere aber Augmented Reality oder Virtual Reality Anwendungen, waren in der Vergangenheit sehr kostspielig in ihrer Anschaffung sowie sehr aufwendig hinsichtlich der Installation und Betreuung durch IT-Expertinnen und Experten und Lehrkräfte. Auch wenn sie aus theoretischer Perspektive und empirisch gestützt große Chancen für das Lernen von Schülerinnen und Schülern versprechen, war es Schulen kaum möglich, mit diesen Systemen zu arbeiten (Maas & Hughes, 2020). Die aktuellen Weiterentwicklungen in der Smartphone-Technologie ermöglichen nun aber eine kostengünstige und einfach zu bedienende Nutzung von diesen und vielen weiteren Anwendungen, die das Lernen unterstützen können (vgl. Kap. 3.3.2). Dazu kommt, dass das Smartphone aktuell das von Schülerinnen und Schülern am häufigsten selbst besessene mobile Endgerät darstellt (vgl. Kap. 3.1.1).

Mit dieser Möglichkeit stellt sich die Frage, wie eigene mobile Endgeräte in Form eines „Bring Your Own Device“ (englisch für: Bring dein eigenes Gerät mit) sinnvoll im Unterricht genutzt werden können. Auf der einen Seite stehen die vielen eben geschilderten Vorteile, auf der anderen Seite birgt die Nutzung eigener mobiler Endgeräte auch die Gefahr, dass Schülerinnen und Schüler durch private Anwendungen vom Unterricht abgelenkt werden. Chancen und Gefahren der Smartphone-Nutzung in der Schule werden in Kapitel 4.1 ausführlicher dargestellt. Als Lernmedium bieten sich für die Smartphone-Nutzung folgende Ideen an (vgl. Kap. 3.1 und 4.1.3):

- Das Smartphone kann als Lernwerkzeug in den Unterricht integriert werden. So erhält das Smartphone bei Schülerinnen und Schülern einen anderen Stellenwert neben dem als Unterhaltungs- und Kommunikationsmedium. Ideen dazu finden Sie hier: https://www.lmz-bw.de/medien-und-bildung/jugendmedienschutz/smartphones-apps/paedagogische-einsatzmoeglichkeiten/
- Viele verschiedene Möglichkeiten der Nutzung von Smartphones zum Lernen finden Sie auf dem Bildungsserver des Landes Nordrhein-Westfalen: https://www.schulministerium.nrw.de/themen/schulentwicklung/lehren-und-lernen-der-digitalen-welt

3.3.2 LernApps zur Unterstützung von Lernstrategien

Einer der oben genannten Vorteile der Nutzung von Smartphones und weiteren mobilen Endgeräten in der Schule ist die Möglichkeit zur Nutzung verschiedenster LernApps, die auf dem Markt zur Verfügung stehen. Einige Studien verweisen darauf, dass die Lernergebnisse besser sind, je intensiver die Interaktion mit der App und den darin enthaltenen Lerngegenständen realisiert ist (Wang et al., 2018). Dies knüpft an die Theorien zur Informationsverarbeitung und zu Lernstrategien an und unterstreicht, dass eine aktive Auseinandersetzung mit den Lerninhalten wichtig ist (vgl. Kap. 3.1.2).

An dieser Stelle soll angelehnt an die Auseinandersetzung mit Lernstrategien (vgl. Kap. 3.1.2) eine Auswahl an Apps zum Lernen vorgestellt und diese den zentralen Lernstrategien zugeordnet werden. Wir erhoffen uns, dass dies die Auswahl von LernApps erleichtert und Anregungen gibt, sie in den Unterricht einzubauen. In Tabelle 9 finden Sie passend zu den oben dargestellten Lernstrategien eine Auswahl von Apps. Die meisten von uns zusammengetragenen Apps sind zumindest teilweise frei zugänglich. Falls die Nutzung der App kostenpflichtig ist, ist dies in Tabelle 9 vermerkt. Da sich der Markt auch hinsichtlich von LernApps ständig weiterentwickelt sei an dieser Stelle auf zwei Padlets verwiesen, die jeweils aktuelle Sammlungen von LernApps veröffentlichen. Padlets sind digitale dynamisch wachsende Sammlungen zu verschiedenen Themen, in unserem Fall zu LernApps und der Nutzung digitaler Medien für den Unterricht:

- https://padlet.com/ajoth1/qk5gjl0n6utq
- https://padlet.com/mib5/jqp9cczwmht1

In diesen zwei Sammlungen finden sich nicht nur nützliche Tipps zu LernApps und digitalen Werkzeugen, sondern auch Sammlungen zu sogenannten Open Educational Resources (freie und offene Bildungsmaterialien) sowie zu Lernvideos und Workshops, die den Einsatz digitaler Medien im Unterrichts thematisieren. Zum Thema Open Educational Resources stellt das Leibnitz Institut für Bildungsforschung und Bildungsinformation (DIPF) in Zusammenarbeit mit dem Bundesministerium für Bildung und Forschung (BMBF) auf folgender Homepage grundlegende und weiterführende Informationen zur Verfügung:

- https://open-educational-resources.de

3.3.3 Kriterien zur Auswahl digitaler Medien für den Unterricht

Auf Grundlage der Theorien zur Informationsverarbeitung, des multimedialen Lernens und motivationaler Theorien werden in diesem Kapitel Kriterien abgeleitet, die helfen können, passende digitale Medien für den Unterricht auszuwäh-

Tabelle 9: LernApps und Lernstrategien

Strategie	Beispiele	LernApps	Beschreibung der LernApp
Kognitive Lernstrategien			
Wiederholung	Auswendig lernen	**Phase 6** https://www.phase-6.de	LernApp zum Lernen von Vokabeln. Bietet Vokabelsammlungen zu allen in Deutschland gängigen Schulbüchern an (kostenpflichtig).
Elaboration	Vorwissen aktivieren Fragen stellen Notizen machen Vorstellungsbilder generieren Mnemotechniken (Wiederholungs-strategien)	**BIPARCOURS** https://biparcours.de/	Die App dient der Erschließung außerschulischer Lernorte und beinhaltet verschiedene Komponenten, wie Quiz, Rallye, Scannen von QR-Codes sowie der Aufnahme von Foto-, Video und Audioelementen.
		Learningapps.org https://learningapps.org/	Es gibt zu allen möglichen Themen Lernbausteine, die in den Unterricht eingebettet werden können. Diese beinhalten u.a. Aufgaben wie MindMaps, Quiz, Lückentexte, Fragenstellen und Zuordnungsaufgaben.
		GeoGebra Notizen https://www.geogebra.org/	Die App kann genutzt werden, um Notizen zu erstellen und Graphiken zu zeichnen. Auch das Einfügen von mathematischen Formeln, Gleichungen etc. ist möglich.
		Quizlet https://quizlet.com/de	Durch die Einbindung von Karteikarten und Spielen ist diese App auch zum Vokabellernen geeignet.
Organisation	Texte zusammenfassen Nutzung von Wissensschemata	**Learningapps.org** https://learningapps.org/	Es gibt zu vielen Themen Lernbausteine, die in den Unterricht eingebettet werden können. Diese beinhalten u.a. Aufgaben wie MindMaps, Quiz, Lückentexte, Fragenstellen und Zuordnungsaufgaben.

Tabelle 9: Fortsetzung

	Informationen visualisieren	**GeoGebra Notizen** https://www.geogebra.org/	Die App kann genutzt werden, um Notizen zu erstellen und Graphiken zu zeichnen. Auch das Einfügen von mathematischen Formeln, Gleichungen etc. ist möglich.
		MINDMUP https://www.mindmup.com/	Die App wird zum Erstellen von MindMaps benutzt. Dabei können auch Notizen, Links und Bilder eingefügt werden.
		MindMeister https://www.mindmeister.com/	MindMeister ist eine App, die zum Erstellen von MindMaps genutzt wird. Zudem können die MindMaps auch als Präsentation angezeigt werden.
		Histomania https://www.histomania.com	Die App wird genutzt, um digitale Zeitleisten zu visualisieren.
Metakognitive Lernstrategien			
Selbstkontrolle und Selbstregulation	Vorbereitung von Lernphasen Soll-Ist-Vergleiche Bei Lernschwierigkeiten Verhalten ändern	**Mailnudge** https://mailnudge.de	Mit Mailnudge kann man eine E-Mail an sich selbst schreiben, welche auch so gestaltet werden kann, dass ein Soll-Ist-Vergleich möglich ist.
		Superlist https://superlistapp.com/	Superlist beinhaltet Checklisten mit Dingen, die man noch zu erledigen hat, und Erinnerungsfunktionen.
		Trello https://trello.com/de	Trello dient der Organisation von Aufgaben. Man kann mithilfe von Boards und Listen sehen, was noch zu erledigen ist und was man bereits erledigt hat.

Tabelle 9: Fortsetzung

Motivations- und Emotionsstrategien			
	Anstrengung Ausdauer Emotionsregulation z. B. bei Prüfungsangst	**Mailnudge** https://mailnudge.de	Mit Mailnudge kann man eine E-Mail an sich selbst schreiben, welche auch so gestaltet werden kann, dass ein Soll-Ist-Vergleich möglich ist.
		7mind https://www.7mind.de	Geführte Meditationen zu folgenden Themen: Prüfungsangst, Umgang mit Stress, Fokus und Entspannung, Prüfungsvorbereitung und Selbstvertrauen (Basis-App ist kostenlos zugänglich).
		headspace https://www.headspace.com/de	Achtsamkeitsübungen und Meditationen zum Umgang mit Stress und zur Förderung des Wohlbefindens (frei zugängliche Probeübungen und -meditationen auf Englisch, kostenloses Probeabo).
		Forest https://www.forestapp.cc	Zur Aufrechterhaltung der Konzentration und Vermeidung von Ablenkung durch das Smartphone beim Lernen. Für eine selbst festgelegte Zeit blockiert die App andere Apps auf dem Smartphone. In dieser Zeit wird ein virtueller Baum gepflanzt, der nur wächst, wenn die App läuft. So ermöglicht die App spielerisch die Vermeidung von Ablenkung durch das Smartphone und fördert die Konzentration (nur auf Englisch).

Tabelle 9: Fortsetzung

Ressourcenstrategien			
	Zeitmanagement Gestaltung von Lernumgebung und Arbeitsplatz Nutzung weiterer Informationsquellen Nutzung externer Formen der Wissensspeicherung	**Digitales Schwarzes Brett** https://digitales-schwarzes-brett.de/	Der Lernprozess wird organisiert und zu bestehenden Dokumenten kann immer mehr hinzugefügt werden.
		Superlist https://superlistapp.com/	Superlist beinhaltet Checklisten mit Dingen, die man noch zu erledigen hat, und Erinnerungsfunktionen.
		Padlet https://de.padlet.com/	Padlet wird genutzt, um Boards, Dokumente oder Websites zu erstellen und mit dem eigenen Wissen zu füllen. Zudem kann man sich mit anderen austauschen.
		Wakelet https://wakelet.com/	Mit Wakelet kann man Online-Inhalte speichern, organisieren und mit anderen teilen.
		Forest https://www.forestapp.cc	Zur Aufrechterhaltung der Konzentration und Vermeidung von Ablenkung durch das Smartphone beim Lernen. Für eine selbst festgelegte Zeit blockiert die App andere Apps auf dem Smartphone. In dieser Zeit wird ein virtueller Baum gepflanzt, der nur wächst, wenn die App läuft. So ermöglicht die App spielerisch die Vermeidung von Ablenkung durch das Smartphone und fördert die Konzentration (nur auf Englisch).
		Trello https://trello.com/de	Trello dient der Organisation von Aufgaben. Man kann mithilfe von Boards und Listen sehen, was noch zu erledigen ist und was man bereits erledigt hat.

len. Die in der folgenden Checkliste vorhandenen Fragen beziehen sich auf die Cognitive Load Theory. Sie befähigen zum eigenständigen Abwägen in der Frage, auf welche Art und Weise digitales Lernmaterial das Arbeitsgedächtnis der Lernenden belastet und wie hoch die kognitive Belastung durch den Einsatz digitalen Lernmaterials ist.

Checkliste – Cognitive Load in digitalen Lernumgebungen beachten

Gehen Sie die folgenden Fragen durch, um zu prüfen, ob durch das digitale Lernmaterial das Arbeitsgedächtnis der Lernenden eventuell überlastet und Lernen somit beeinträchtigt wird.

1. Wie schwierig ist der Lerngegenstand/wie komplex sind die Inhalte?
   a) Je schwieriger der zu erlernende Inhalt, umso bedeutsamer wird das Design.
2. Wie ist das Design gestaltet?
   a) Gibt es Elemente, die vom eigentlichen Lerngegenstand ablenken?
   b) Passen eventuelle Hervorhebungen oder Bilder zum Lerngegenstand?
3. Wie einfach oder kompliziert ist die Navigation durch das Programm?
   a) Muss die Navigation bzw. Bedienung erst gelernt werden oder ist sie selbsterklärend?
   b) Gibt es Übungen, um die Bedienung vor dem eigentlichen Lernen zu trainieren?
4. Welche Hilfen werden durch das Programm zur Strukturierung des Lernprozesses bereitgestellt?
5. Welcher Art sind die Aufgaben, die bearbeitet werden sollen?
   a) Handelt es sich um Wiederholungsaufgaben?
   b) Handelt es sich um Problemlöseaufgaben?
6. (Wie) wird mit Lösungsbeispielen gearbeitet?
7. Welches Vorwissen und welche Vorerfahrungen besitzen die Lernenden bereits über den Lerngegenstand und über die digitale Anwendung?

Auf Grundlage der Theorie des Multimedialen Lernens wurden durch verschiedene Studien bestimmte Designeffekte von multimedial repräsentierten Informationen herausgearbeitet, die für die Verarbeitung von Informationen hinderlich oder förderlich sind (Mayer, 2001). Tabelle 10 gibt einen Überblick über relevante Design-Effekte, die Sie bei der Auswahl digitalen Lernmaterials weiterhin beachten können.

Tabelle 10: Designeffekte des Lernens mit multimedialen Medien

Design-Effekt	Beschreibung
Worked Example Effekt	Ausgearbeitete Lösungsbeispiele helfen beim Verstehen des Lösungsweges und fördern den Lernerfolg von Lernenden. Sie sind besonders hilfreich beim Lösen von Problemen.
Multimediaeffekt	Durch die Präsentation von Wörtern und Bildern wird besser gelernt als durch die ausschließliche Präsentation von Bildern.
Modalitätseffekt	Wenn zwei Informationen denselben sensorischen Kanal ansprechen (z. B. ein geschriebener Text und ein Bild den visuellen Kanal), kann dies zu Überlastung des Arbeitsgedächtnisses führen. Entlastet werden kann hier, wenn anstatt des geschriebenen Textes der gesprochene Text zusammen mit dem Bild präsentiert wird.
Split Attention Effekt	Räumlich und zeitlich nah beieinander liegende Präsentation der Informationen. So sollte beispielsweise der erläuternde Text zu einer Graphik nicht neben der Graphik stehen, sondern in die Graphik integriert werden.
Redundanzeffekt	Durch die Präsentation von Bildern und gesprochenen Wörtern wird besser gelernt als durch die Präsentation von Bildern, gesprochenen Wörtern und geschriebenen Wörtern.
Kohärenzeffekt	Der Lernprozess kann durch die Darbietung zwar interessanten, aber zum Lerngegenstand nicht passenden Materials behindert werden.
Signalisierung	Durch die Hervorhebung wichtiger lernrelevanter Inhalte kann der Lernprozess begünstigt werden.

Expertise-Umkehr-Effekt

Das Vorwissen von Lernenden (vgl. Kap. 3.1.2 und 3.1.4) ist im Zusammenhang mit Designeffekten besonders zu beachten, da besonders viel Vorwissen zu bestimmten Themen (z. B. Fußball, Biologie etc.) bei einigen Designeffekten das Gegenteilige bewirken kann. Das heißt, wenn die Hervorhebung wichtiger lernrelevanter Inhalte normalerweise den Lernprozess begünstigt (Signalisierungseffekt), kann dies bei Lernenden mit viel Vorwissen zu einem bestimmten

Thema den Lernprozess hemmen. Lernende mit viel Vorwissen zu einem bestimmten Thema würden in dem Fall einen höheren Lernertrag haben, wenn sie Lernmaterial ohne zusätzliche Hervorhebungen bekämen, da sie durch ihr Vorwissen in der Lage wären, selbst wichtige Inhalte aus dem Material herauszufiltern. Dieser Effekt wird Expertise-Umkehr-Effekt genannt. Es sollte demnach bei der Umsetzung der Design-Empfehlungen oder bei der Auswahl von Material immer individuell berücksichtigt werden, welches Vorwissen und welche Fähigkeiten und Fertigkeiten Schülerinnen und Schüler bereits mitbringen (vgl. Kap. 3.1.4)

Besonderheiten bei Erklärvideos

Mittlerweile existieren im Internet unzählige Möglichkeiten für Schülerinnen und Schüler, den Lernstoff über Erklärvideos oder Tutorials (z. B. veröffentlicht über YouTube) zu wiederholen oder auf andere Art und Weise dargeboten zu bekommen. Bei der guten Qualität einiger Videos bietet es sich sogar an, sie direkt im Unterricht einzusetzen. Doch wie erkennt man ein gutes Erklärvideo und worauf sollte man bei der Auswahl achten? Auf Grundlage der Cognitive Load Theory lassen sich besondere Hinweise für animierte Erklärvideos geben.

Forscherinnen und Forscher haben herausgefunden, dass bei animierten Erklärvideos und Lösungsbeispielen auf Basis der Cognitive Load Theory ein Problem darin besteht, dass häufig wichtige Informationen nur kurz angezeigt werden und somit vergänglich sind. Das heißt, das Video spielt bereits die nächste Information ab, bevor sich Schülerinnen und Schüler die zuvor angezeigte Information merken konnten. Hierdurch kann das Arbeitsgedächtnis überlastet und Lernen gehemmt werden. Es kann helfen, wenn in animierten Erklärvideos gezielt die Aufmerksamkeit auf Informationen gelenkt wird, die für das Verständnis des nächsten Inhaltes wichtig sind, oder wenn die Animation segmentiert wird, an wichtigen Stellen langsamer abläuft, anhält oder noch einmal wiederholt wird, um es den Lernenden zu ermöglichen, sich Notizen an passenden Stellen zu machen (van Gog, Paas & Sweller, 2010; Wouters, Paas & van Merriënboer, 2008).

Beispiele: YouTube-Kanäle

- Musstewissen (Fächer: Mathematik, Deutsch, Chemie, Geschichte und Physik)
- SimpleClub (Fächer: Mathe, Physik, Biologie, Chemie, Geographie, Informatik, Wirtschaft, Geschichte)

Neben kognitions- und instruktionspsychologischen Kriterien können auch motivationspsychologische Kriterien zur reflektierten Auswahl digitaler Medien für den Unterricht herangezogen werden. Eine Checkliste mit Fragen, die zur kritischen Auseinandersetzung mit dem motivationalen Gehalt digitaler Medien führt, wird im Folgenden vorgestellt.

Checkliste – Motivation in digitalen Lernumgebungen?

1. Wie bewerten die Schülerinnen und Schüler vor dem Einsatz digitaler Medien den Lerngegenstand und die damit verbundene Tätigkeit?
   a) Sind die Schülerinnen und Schüler intrinsisch motiviert?
   b) Wo liegt die Ursache ihrer Handlung (external oder internal)?
   c) Gibt es starke individuelle Unterschiede in der Motivation?
2. Welche Formen der externen Handlungsregulation werden durch die digitale Lernumgebung bereitgestellt?
   a) Feedback
   b) Punktesysteme
   c) Risiko von Konkurrenz im Klassenvergleich
3. Könnten Formen der extrinsischen Motivation (z. B. Aussicht auf Belohnung) vielleicht intrinsische Motivation korrumpieren?
4. Gibt es Möglichkeiten, den Schwierigkeitsgrad der digitalen Lernumgebung auf die Fähigkeiten der Schülerinnen und Schülern anzupassen?

Zusätzlich zu den hier vorgestellten Checklisten, die sich an den in diesem Kapitel gewählten kognitionspsychologischen, instruktionspsychologischen und motivationspsychologischen Perspektiven orientieren, ist ein weiteres Kriterium bei der Auswahl digitaler Medien für den Unterricht der Datenschutz. Aufgrund der Komplexität des Themas und dem weniger psychologischen Fokus sei an dieser Stelle auf die Homepage der Medienberatung des Schulministeriums NRW verwiesen, welche ein umfangreiches Informationsangebot zu Thema Datenschutz bereitstellt:

- https://www.medienberatung.schulministerium.nrw.de/Medienberatung/Datenschutz-und-Datensicherheit/

Abschließend ist zu vermerken, dass Checklisten zwar immer schnell formuliert, aber dennoch nicht immer einfach anzuwenden und umzusetzen sind. Grundlage für die Anwendung ist eine angemessene theoretische Auseinandersetzung mit den Inhalten. Im folgenden Kapitel werden mehrere Beispiele präsentiert, welche die Umsetzung einiger der bislang dargestellten theoretischen Aspekte beachten.

Zum Weiterlesen

Zander, S., Behrens, A. & Mehlhorn, S. (2020). Erklärvideos als Format des E-Learnings. In H. Niegemann & A. Weinberger (Hrsg.), *Handbuch Bildungstechnologie* (S. 247–258). Berlin: Springer Nature.

3.3.4 Best-Practice Beispiele

bettermarks: Adaptive Mathebücher für die Klassenstufen 4 bis 11

Ein besonders gutes Beispiel für ein adaptives Lernsystem, also ein System, das sich an die Eigenschaften und Fähigkeiten von Lernenden anpasst, sind die online-Lehrbücher von bettermarks. Hierbei handelt es sich um adaptive Mathebücher, die sich an aktuellen Lehrplänen und Kompetenzstandards orientieren. Durch die automatische Fehlerauswertung findet das Programm systematische Fehlerquellen von Lernenden und erkennt Wissenslücken. Zu jeder Aufgabenlösung liefert das Programm direkt Rückmeldungen, Hilfestellungen und mögliche Lösungswege. Aus kognitionspsychologischer Sicht und hinsichtlich der Entlastung des Arbeitsgedächtnisses ist besonders positiv hervorzuheben, dass Schülerinnen und Schülern für jede Aufgabe den Lösungsweg, also eine Beispiellösung einsehen können. Unter motivationspsychologischer Perspektive liefert das Programm folgende Gamification-Elemente: Schülerinnen und Schüler können Punkte und Badges im Sinne von Medaillen sammeln. Außerdem motiviert eine kleine Figur (Betty) extrinsisch durch Lob nach jeder gelösten Aufgabe.

bettermarks wurde 2014 systematisch evaluiert (Scharnagl, Evanschitzky, Streb, Spitzer & Hille, 2014). Insgesamt wurden $N = 864$ Sechstklässlerinnen und Sechstklässler (Kontrollgruppe: $n = 395$, Experimentalgruppe: $n = 469$) hinsichtlich ihrer Matheleistung und Matheangst befragt. Die Experimentalgruppe lernte eine Unterrichtsreihe mit Hilfe der adaptiven Mathebücher von bettermarks, wohingegen die Kontrollgruppe für dieselbe Unterrichtsreihe die adaptiven Mathebücher nicht benutzte. Die Experimentalgruppe zeigte am Ende der Intervention bessere Leistungen in dem im Rahmen der Studie durchgeführten Mathetest. Außerdem konnte festgestellt werden, dass Schülerinnen und Schüler mit besonders großer Matheangst im Vergleich zu allen anderen Schülerinnen und Schülern einen besonders großen Lernzuwachs zeigten.

Weitere Informationen unter: https://de.bettermarks.com

ALICE:Bruchrechnen: Bruchzahlverständnis fördern mit dem E-Book

Bei ALICE:Bruchrechnen handelt es sich um eine digitale Lernumgebung für den Anfangsunterricht zum Bruchrechnen. Es ist ein interaktives E-Book, das im Rahmen eines Kooperationsprojektes der Technischen Universität München entstanden ist (Hoch, Reinhold, Werner, Reiss & Richter-Gebert, 2018). Im E-Book ALICE:Bruchrechnen können Schülerinnen und Schüler der sechsten Klasse ein grundlegendes Verständnis von rationalen Zahlen entwickeln. Dabei bestehen die Aufgaben überwiegend aus bildhaften ikonischen Darstellungen. Die Reflexion über die Schwierigkeit des Lerngegenstandes „Bruchrechnen“ veranlasste die Entwickler zu einer eher dezenten Gestaltung der Lernumgebung, um eine kognitive Überlastung des Arbeitsgedächtnisses zu vermeiden. Dies wurde insbesondere durch die Nutzung des Multimediaeffektes und des Split Attention Effektes umgesetzt. Außerdem findet eine Anknüpfung an das Vorwissen der Lernenden aus dem Alltag durch bildhafte Darstellungen und Alltagserfahrungen statt (z. B. das Teilen einer Pizza). Das Programm liefert eine adaptive Passung des Schwierigkeitsgrades der Aufgaben an das individuelle Leistungsniveau der Schülerinnen und Schüler. Des Weiteren erhalten die Schülerinnen und Schüler umgehendes Feedback auf die Aufgabenlösungen sowie die Möglichkeit, Lösungshilfen aufzurufen.

Mittels eines Prä-Post-Kontrollgruppen-Designs wurde die Wirksamkeit von ALICE:Bruchrechnen untersucht. Dazu nahmen $N = 721$ Sechstklässlerinnen aus Gymnasien und Mittelschulen in Bayern an der Studie teil. Um zu überprüfen, ob die digitale Aufbereitung in Form des interaktiven E-Books eine besondere Wirkung auf das Verständnis von Bruchzahlen hat, wurde die Leistung von drei Gruppen miteinander verglichen. Eine I-Pad-Gruppe arbeitete mit dem E-Book, eine Arbeitsbuchgruppe erhielt das gesamte Unterrichtsmaterial des E-Books in gedruckter Form und eine weitere Gruppe (Kontrollgruppe) besuchte weiterhin den regulären Unterricht. Für Schülerinnen und Schüler an Gymnasien ($n = 476$) zeigten sich keine positiven Effekte der Nutzung des E-Books im Vergleich zum analogen Arbeitsmaterial und dem regulären Unterricht. Für Schülerinnen und Schüler an Mittelschulen ($n = 245$) konnte jedoch festgestellt werden, dass die Schülerinnen und Schüler der I-Pad-Gruppe signifikant bessere Ergebnisse im Post-Test erzielten als die Schülerinnen und Schüler der Arbeitsbuch-Gruppe und der Kontrollgruppe. Die Autoreninnen und Autoren schlussfolgern aus diesen Ergebnissen, dass das E-Book ALICE:Bruchrechnen aufgrund seiner Adaptivität vor allem für besonders heterogene Gruppen geeignet ist, was auf die untersuchten Mittelschulen mehr zutraf als auf die Schülerinnen und Schüler in Gymnasien (Reinhold, Hoch, Werner, Reiss & Richter-Gebert, 2018). Dieser Schlussfolgerung liegt die Annahme zu Grunde, dass in Mittelschulen die Schülerschaft deutlich heterogener (z. B. in Leistung, Bildungshintergrund der Eltern, Herkunft etc.) zusammengesetzt ist als an Gymnasien.

Freier Download des E-Books ALICE:Bruchrechnen unter: http://go.tum.de/623496

(Meta-)kognitive Lernstrategien fördern mit dem Serious Game „Rettet Bauxdorf"

Spielbasierte digitale Lernumgebungen erfordern den besonderen Einsatz von Strategiewissen, besonders wenn in ihnen Probleme gelöst werden sollen (vgl. Kap. 3.2.1). Deswegen erscheint es sinnvoll, den Lernprozess in Simulationssystemen, wie Serious Games, durch weitere Instruktionen zu unterstützen. Besonders förderlich sind das selbstregulierte Lernen und die Nutzung von Lernstrategien (Wouters & Van Oostendorp, 2013). Eine Arbeitsgruppe der Universität

Salzburg des Department of E-Learning and Media Research untersuchte, wie sich die Förderung von metakognitiven Lernstrategien in Serious Games auf den Lernzuwachs auswirkte (Zumbach et al., 2020). Dazu entwickelten sie das Serious Game „Rettet Bauxdorf". Thema des Serious Games ist der demografische Wandel. Die Lerninhalte des Spiels orientierten sich an Lerncurricula des Faches Erdkunde der achten Klassen. Schülerinnen und Schüler wurden in dem Spiel dazu aufgefordert, für das Dorf Bauxdorf, das ursprünglich vom Bergbau lebte, verschiedene Lösungen zu entwickeln, die dem Dorf für das zukünftige Bestehen helfen. Bei der Entwicklung flossen Überlegungen zum Cognitive Load der Lernenden ein. Es wurde angenommen, dass ein zusätzlicher Einsatz von Lernstrategien zu einem höheren Cognitive Load führen könnte. Zur Entlastung des Arbeitsgedächtnis wurden die Informationen über das Dorf multimedial repräsentiert. Die Schülerinnen und Schüler erhielten ein detailliertes Feedback zu jeder Lösung. Dabei wurden den Lernenden mögliche Lösungen im Multiple Choice Format präsentiert. Auf der einen Seite wurde ein Training zur Förderung von Lernstrategien vor dem Spielen des Spiels eingesetzt (direkte Förderung durch Training). Auf der anderen Seite wurden Schülerinnen und Schüler während des Spielens zur Anwendung von Lernstrategien aufgefordert (indirekte Förderung durch Prompting, vgl. Abb. 10). Folgende Lernstrategien wurden sowohl im Training als auch beim Prompting gefördert:

1. Aktivierung von Vorwissen
2. Planung und Bewertung des eigenen Lernprozesses
3. Bewertung der Wichtigkeit der Lerninhalte für die eigenen Ziele
4. Herausfinden und Klären von Unklarheiten
5. Finale Bewertung des Lernprozesses

Im Hinblick auf die Wirkung des Serious Game „Rettet Bauxdorf" untersuchten die Forscherinnen und Forscher insgesamt 131 Schülerinnen und Schüler im Alter von 14 bis 17 Jahren, die zufällig vier verschiedenen Gruppen zugeordnet wurden. Zwei unterschiedliche experimentelle Bedingungen wurden jeweils mit einer Kontrollgruppe verglichen. Die erste Experimentalgruppe bekam vor dem Spielen des Spiels ein gesondertes Training im Sinne der direkten Förderung zu den oben genannten Lernstrategien. Die zweite Experimentalgruppe erhielt statt des gesonderten Trainings während des Spielens die Aufforderung, Übungen zu den oben genannten Lernstrategien zu bearbeiten. In Abbildung 13 sind die Ergebnisse der beiden Bedingungen auf einen Blick zusammengefasst.

Im Gegensatz zum gesonderten Lernstrategie-Training, das kleine Effekte auf der Ebene des Faktenwissens bewirkte, zeigten sich größere Effekte der Promptings während des Spielens des Serious Games auf den Lernzuwachs. In beiden Experimentalgruppen berichteten die Schülerinnen und Schüler etwas weniger Cognitive Load im Vergleich zu den jeweiligen Kontrollgruppen. Statistisch signifikant war der Effekt aber nur für die Prompting-Gruppe. Keine Unterschiede ergaben sich für den Einsatz von Lernstrategien.

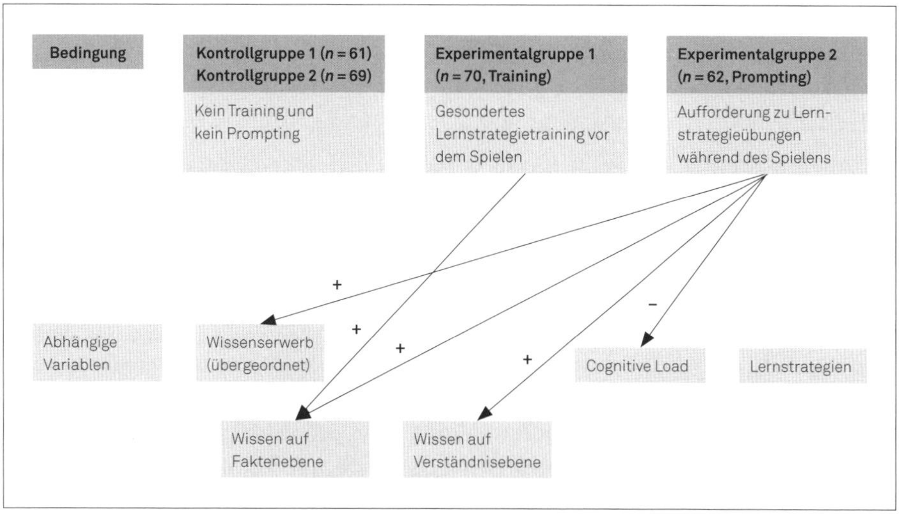

Abbildung 13: Zusammenfassung der Ergebnisse zur Förderung von Lernstrategien durch das Serious Game „Rettet Bauxdorf" (Zumbach et al., 2020, eigene Darstellung)

Zusammenfassend bieten das Spiel „Rettet Bauxdorf" und die dazugehörige Studie einen guten Einblick, wie komplex Lernprozesse beim Lernen in digitalen Lernumgebungen sind und welche Möglichkeiten es gibt, diese Lernprozesse instruktional auf verschiedene Arten und Weisen zu unterstützen. Auf Basis der Ergebnisse scheint insbesondere die Unterstützung während des Spielens in der Form von Promptings positive Auswirkung auf das Lernergebnis zu haben.

EXBOX Digital: Digitale Experimentierboxen für den Physik- und Chemieunterricht

Das von der Robert-Bosch-Stiftung geförderte Projekt EXBOX Digital der Universität Salzburg entwickelt digitale Experimentierboxen für den Physik- und Chemieunterricht. Dabei handelt es sich um eine Kombination aus digitalen und analogen Experimentierboxen (Fleischer, Deibl, Strahl, Moser, Maier & Zumbach, 2020). Neben realen Experimenten für Schülerinnen und Schüler enthält die Box verschiedene digitale Erweiterungen, die mittels eines Tablets aufgerufen werden. So startet jedes Experiment mit einem adaptiv auf die Leistung der Lernenden angepassten virtuellen Training (Web Based Training). Durch einen Einstiegstest wird das Material auf die Fähigkeiten der Lernenden angepasst. Für den weiteren Verlauf und die Durchführung des Experiments stehen den Schülerinnen und Schülern verschiedene digitale Lernhilfen in Form von Augmented Reality Inhalten, Lernvideos und Bildern zur Verfügung. Im Jahr 2019 wurde mit $N = 10$ Schülerinnen und Schülern eine erste Usability Studie durchgeführt. Die von den Schülerinnen und Schülern verwendete EXBOX zum Thema Redox-Reaktionen wurde im Hinblick auf sechs Dimensionen von Usability (Attraktivität, Effizienz, Durchschaubarkeit, Steuerbarkeit, Stimulation und Originalität) als sehr positiv bewertet. Eine Evaluation zur Überprüfung der Wirksamkeit der EXBOXEN wird derzeit durchgeführt (Fleischer, Maier, Deibl, Moser, Strahl & Zumbach, 2020).

Weitere Informationen unter: http://exbox.uni-salzburg.at/index.php

Von der Robert-Bosch-Stiftung werden aktuell weitere Projekte zur Entwicklung innovativen digitalen Lernmaterials gefördert. Selbst in sprachlichen Fächern, die weniger klare Regeln für die Lösung von Aufgaben darbieten, wie beispielsweise die Mathematik, werden mittlerweile intelligente tutorielle Systeme eingesetzt (vgl. Kap. 3.1.1). So wird beispielsweise für den Englischunterricht der siebten Klassenstufe von der Universität Tübingen das intelligente tutorielle System FeedBook entwickelt. Lösungen von Schülerinnen und Schülern werden vom System direkt überprüft. Bei inkorrekten Lösungen gibt das System sofort formatives Feedback zur Art des Fehlers und Erläuterungen zur dahinterliegenden Regel (Meurers, De Kuthy, Nuxoll, Rudzewitz & Ziai, 2019). Weitere Projekte können auf folgender Homepage eingesehen werden:

https://www.bosch-stiftung.de/de/projekt/wissenschaft-praxis-kooperationen-fuer-unterrichtskonzepte-mit-digitalen-medien/gefoerderte

4 Leben in der digitalen Welt

Während das Buch und insbesondere Kapitel 3 bislang die formale und non-formale Bildung in der Schule und mit LernApps etc. fokussierte, geht dieses Kapitel auf Medien im Alltag ein, die einerseits einen informellen Bildungskontext bereitstellen und andererseits formale und non-formale Bildungsprozesse begleiten. Die zunehmende und omnipräsente Digitalisierung im Leben auch von Heranwachsenden führt zu einer Entgrenzung von Lebensbereichen. Kinder, v.a. aber Jugendliche, sowie Lehrkräfte sind auch in der Schule ständig erreichbar von Freunden, Familienmitgliedern und den Informationen aus dem World Wide Web. Gerade die nahezu vollständige Versorgung mit dem Smartphone spätestens ab dem Jugendalter birgt Chancen nicht nur für das Lernen (vgl. Kap. 2 und 3), sondern auch für die soziale Einbindung, andererseits aber auch Risiken durch Ablenkung oder Cybermobbing. Es ist daher wichtig zu verstehen, welche Medien Schülerinnen und Schüler wie und warum nutzen. Viele der Prozesse und Mechanismen gelten dabei nicht nur für Kinder und Jugendliche, sondern auch für Erwachsene. Da digitale Medien aus dem Alltag sowie dem späteren Berufsleben nicht mehr wegzudenken sind, kann es nicht das Ziel sein, die Nutzung von Smartphone oder Computer zu verbieten oder maßgeblich von außen zu steuern. Aufgabe der schulischen Medienbildung ist es stattdessen, Kinder und Jugendliche zu einem verantwortungsvollen Umgang mit digitalen Medien zu befähigen.

Nach einem Überblick über die mit Digitalisierung verbundene Lebenswelt von Kindern und Jugendlichen wird erläutert, was digitale Medien attraktiv macht und welche Funktionen sie gerade im Kindes- und Jugendalter für die Bewältigung von Entwicklungsaufgaben einnehmen. Dabei spielen hier im Unterschied zu Kapitel 2 und 3 insbesondere soziale Medien eine bedeutsame Rolle. Im Folgenden werden dann aufgrund ihrer Aktualität und Relevanz für das Aufwachsen von Kindern und Jugendlichen Cybermobbing und Computerspiele behandelt. Auf der Grundlage von Forschungsbefunden werden jeweils konkrete Handlungsoptionen für den schulischen Umgang mit dem Smartphone, mit Computerspielen und mit Cybermobbing erarbeitet.

4.1 Medien im Alltag von Schülerinnen und Schülern

4.1.1 Phänomene

Aus regelmäßig durchgeführten repräsentativen Untersuchungen ist viel über die vielfältige Mediennutzung und Freizeitgestaltung von Kindern und Jugendlichen bekannt (vgl. Tabelle 11).

Für Kinder im Grundschulalter ist das Fernsehen nach wie vor das wichtigste Unterhaltungsmedium. Mehr als die Hälfte aller Befragten der KIM-Studie 2018 (Rathgeb & Behrens, 2019) nutzen darüber hinaus zumindest selten auch ein Handy oder Smartphone bzw. einen PC oder Laptop und mindestens ein Drittel der jüngeren (6–7 Jahre) und fast alle älteren Kinder über 10 Jahre nahmen Online-Dienste in Anspruch. Insgesamt verbrachten 2018 Kinder im Grundschulalter dabei durchschnittlich 45 Minuten pro Tag im Internet (Rathgeb & Behrens, 2019). Bei Jugendlichen (12–19 Jahre) waren es an Werktagen durchschnittlich 205 Minuten (Rathgeb & Schmid, 2019; vgl. Kap. 4.1.2). Mit steigendem Alter der Kinder und Jugendlichen wuchs auch die selbstständige Medienaktivität und der Besitz von Geräten (Rathgeb & Behrens, 2019; Rathgeb & Schmid, 2019). Von den 7- bis 8-Jährigen hatten 2018 nur 8 % ein eigenes Smartphone, von den 8- bis 9-Jährigen schon 25 %, von den 10- bis 11-Jährigen 52 %, von 12- bis 13-Jährigen 70 % sowie dann 98 % der Jugendlichen.

Bei den Jugendlichen fungiert dementsprechend das Smartphone als wichtigstes digitales Gerät (Hasebrink, Lampert & Thiel, 2020). Für 70 % von ihnen dient es als häufigster Zugang ins Internet (Albert et al., 2019). Anwendungsfunktionen verteilen sich auf Kommunikation (41 % der Online-Zeit), Unterhaltung (29 %), Spiele (19 %) und auf die Nutzung informativer Inhalte (10 %). Ein wichtiges Beispiel ist dabei auch das Videoportal YouTube, das von fast 90 % der Jugendlichen regelmäßig zur Unterhaltung, für Bildungsthemen oder anderweitige Tutorials verwendet wird. Im Internet recherchiert wird nach Informationen für Schule, Unterhaltung, Musik, Prominenten oder Spielen.

Während bei Jugendlichen wie bei Erwachsenen nahezu eine Vollversorgung mit internetfähigen Smartphones gegeben ist und sich somit keine Unterschiede zwischen Einkommens- und Bildungsgruppen sowie Personen mit und ohne Migrationshintergrund mehr ergeben, zeichnen sich in der Mediennutzung in der Freizeit – wie in der Medienkompetenz (vgl. Kap. 2.2) – Unterschiede ab: Gymnasiasten greifen häufiger auf fremdsprachige Inhalte, Online-Enzyklopädien und die Online-Inhalte von Printmedien zu und sind öfter täglich im Internet (Rathgeb & Schmid, 2019). Jugendliche anderer Schulformen verbringen dennoch insgesamt mehr Zeit im Internet (Albert et al., 2019). Im Geschlechterver-

Tabelle 11: Studien zur Mediennutzung von Kindern und Jugendlichen

Studie	Autoren und Institution	Alter	Gegenstand	Turnus	Abrufbar unter
KIM Kinder, Internet, Medien	Rathgeb & Behrens, 2019 (Medienpädagogischer Forschungsverbund Südwest MPFS)	6–13	Freizeit, Mediennutzung	seit 1999 ca. alle 2 Jahre	https://www.mpfs.de/fileadmin/files/Studien/KIM/2018/KIM-Studie_2018_web.pdf
JIM Jugend, Information, Medien	Rathgeb & Schmid, 2019 (Medienpädagogischer Forschungsverbund Südwest MPFS)	12–19	Freizeit, Mediennutzung	jährlich seit 1998	https://www.mpfs.de/fileadmin/files/Studien/JIM/2019/JIM_2019.pdf
AID:A Aufwachsen in Deutschland: Alltagswelten	Deutsches Jugendinstitut [DJI]	0–32	Digitalisierung des Alltags, der Ausbildungs- und Berufswelt	2009, 2014, 2019 Längsschnitt!	https://www.dji.de/ueber-uns/projekte/projekte/aida-2019.html
Shell-Jugendstudie	Albert, Hurrelmann & Quenzel 2019 (Shell)	12–25	Einstellungen, Gewohnheiten, Sozialverhalten	seit 1953 ca. alle 4 Jahre	https://www.shell.de/ueber-uns/shell-jugendstudie.html
EU Kids Online Survey	Hasebrink (Leibniz Institut für Medienforschung, Hans-Bredow-Institut)	9–16	Online-Nutzung, Vergleich von 25 europäischen Ländern	seit 2006 ca. alle 3 Jahre	https://www.eukidsonline.de/das-projekt/ incl. Datenbank mit Studien zur Online-Nutzung

gleich haben Jungen eine deutlich stärkere Affinität zu digitalen Spielen, was auch den größten Teil ihrer Online-Zeit einnimmt. Mädchen verbringen mehr Zeit mit Kommunikation (Rathgeb & Schmid, 2019).

Corona-Lockdown

Als im März 2020 die Schulen in Deutschland schlossen, um der Ausbreitung des Corona-Virus zuvorzukommen, fanden die Schülerinnen und Schüler Hilfe beim Lernen im Kontakt mit Freundinnen und Freunden über Chats, durch Tutorials im Internet oder durch die Eltern. Zu den häufigsten Beschäftigungen zählte die Nutzung von Streamingdiensten, Musik hören und Fernsehen. Dies geschah auch deutlich häufiger als vor der Corona-Krise, außerdem wurden häufiger Videos bei YouTube geschaut. Eine große Mehrheit der Jugendlichen hielt über Messengerdienste Kontakt zu Freunden, gefolgt von Telefon, Spiele/Teamspeak und Videochat. Mädchen griffen eher zu Telefon und Videochat, während Jungen mehr beim Spielen über Teamspeak kommunizierten. Bei Kontakt zu Verwandten lag das Telefon vorn, gefolgt allerdings auch hier von Messengerdiensten (Andresen et al., 2020; Rathgeb & Schmid, 2020).

Bedeutung sozialer Medien

Für die Mediennutzung in der Freizeit nicht nur von Kindern und Jugendlichen spielen soziale Medien eine besondere Rolle. Seit Anfang der 2000er-Jahre stellt das Internet zunehmend Möglichkeiten zur Verfügung, Inhalte nicht mehr nur passiv zu konsumieren, sondern zu gestalten, zu verbreiten und in sozialen Kontakten auszutauschen, z. B. in Form von Wikis oder Blogs. Exemplarisch sei an die Schülerin Anna-Lena erinnert, die Medien wie YouTube rezipiert, über das Smartphone via Klassenchat und direkt mit ihren Freundinnen in fast ständigem Kontakt steht und selbst Inhalte im Sozialen Netzwerk Instagram postet (vgl. Kap. 1). Einen Überblick über diese sozialen Medien gibt Tabelle 12. Auf der technischen Seite wurde diesbezüglich anfangs vom Web 2.0 gesprochen, das die Entwicklung sozialer Medien (social media) ermöglicht hat.

Tabelle 12: Beispiele sozialer Medien

Medium	Funktion
Soziale Netzwerke, z. B. Facebook, Instagram	Plattformen für den sozialen Austausch, Nutzer erstellen eigene Profile und können sich untereinander vernetzen
Blogs (Weblogs, also Internet-Tagebücher)	von Einzelnen oder Gruppen geführte öffentlich einsehbare „Tagebücher“, die meist auch Kommunikation zulassen

Tabelle 12: Fortsetzung

Microblogging, z. B. Twitter	technisch vereinfacht, Verbreitung meist sehr kurzer Texte
Wiki, z. B. Wikipedia	gemeinsame Erstellung eine Wissenssammlung
Videoplattformen, z. B. YouTube	Hochladen, Ansehen und Kommentieren von Videos
Instant Messaging, z. B. WhatsApp, Snapchat	„sofortige Nachrichtenübermittlung" von Texten, Bildern und Audionachrichten
Onlinespiele	alleine oder mit anderen (Multiplayer) Computerspiele im Internet, z. T. auch eingebunden in soziale Netzwerke

Dass auch Erwachsene viel Zeit mit dem Smartphone verbringen, zeigt nicht nur anekdotisch der Blick in Restaurants oder auf Straßen, sondern lässt sich auch mit Zahlen veranschaulichen. Statistiken zeigen für 2018 eine Internetzeit von fast 6 Stunden in der Altersgruppe der 14- bis 29-Jährigen, aber auch noch von über 4 Stunden bei den 30- bis 49-Jährigen (Statista, 2019). Etwas niedrigere Zahlen erbringt die Shell-Jugendstudie (Albert et al., 2019), der zufolge Jugendlichen und junge Erwachsene zwischen 12 und 25 Jahren 2019 durchschnittlich 3,7 Stunden online waren, überwiegend mit dem Smartphone. Im Mittelpunkt stehen mit 96 % täglicher Nutzung die sozialen Medien. So waren 2019 die am häufigsten heruntergeladenen Apps in Europa insgesamt über alle Altersgruppen hinweg die sozialen Medien WhatsApp, TikTok und Instagram (SensorTower, 2020). Bei den 12- bis 19-Jährigen waren WhatsApp, Instagram, YouTube und Snapchat die beliebtesten Apps (Rathgeb & Schmid, 2019), wobei WhatsApp bei Jungen und Mädchen gleichermaßen beliebt war, während bei den Mädchen darauf Instagram folgte, bei den Jungen YouTube.

Eine Studie zeigt, wie häufig Erwachsene ihr Smartphone nutzten: Pro Tag wurde dabei das Smartphone 88 Mal eingeschaltet, davon 53 Mal auch entsperrt. Das heißt, es wurden Funktionen, die beispielsweise über die Uhrzeit oder den Nachrichtenstatus hinausgehen, genutzt. Die 17- bis 25-Jährigen schalteten das Handy sogar 100 Mal ein und entsperrten es davon 60 Mal (Markowetz, 2015).

Erklärungen für die Nutzung sozialer Medien

Verschiedene psychische Mechanismen steigern den Griff zum Smartphone und die Verweildauer am Gerät (z. B. Montag, Lachmann, Herrlich & Zweig, 2019). Der Blick auf das Smartphone (oder in die E-Mail etc.) wird immer wieder durch neue Nachrichten, schöne oder lustige Bilder, ein Like etc. belohnt. Psychologisch lässt sich dies als „Operante Konditionierung" beschreiben, d. h. ein Verhalten, auf das positive Konsequenzen folgen, das also „belohnt" wird, wird immer häufiger gezeigt. Wird also der Griff zum Smartphone belohnt, wird es danach immer häufiger genutzt. Genaugenommen handelt es sich um eine „intermittierende Verstärkung", d.h. der Zugriff wird nicht jedes Mal belohnt, sondern in unregelmäßigen Abständen. Eine solchermaßen erworbene Konditionierung ist besonders stabil, weil man immer wieder hofft, belohnt zu werden.

Ein zweiter Mechanismus, der erklärt, warum „nur eben noch mal schnell" das Smartphone geöffnet oder die Mail gecheckt wird, ist die Angst, etwas zu verpassen (fear of missing out) und zwar belohnende Erfahrungen, die andere Menschen gerade machen. Im Hintergrund steht dabei das menschliche Bedürfnis dazuzugehören. Sehr anschaulich wird der Mechanismus bei WhatsApp, bei dem eine besonders schnelle Antwort erwartet wird, zumal die Sendenden sehen, ob die Nachricht gelesen worden ist.

Weitere Mechanismen, die in Apps implementiert sind, sind
- der endlose Fluss von immer neuem Input, z.B. bei Instagram oder YouTube.
- Zeit und z.T. auch Geld, die in eine Spielumgebung oder die Gestaltung des eigenen Profils investiert werden, führen zu einer Verbundenheit mit dem Spiel oder allgemeiner der App.
- Verschiedene Apps und Plattformen, z.B. Facebook, stellen regelmäßige Informationen (Newsfeed) zur Verfügung, die auf die Interessen der Nutzenden abgestimmt sind.
- Likes oder Kommentare sind nicht nur belohnend, sondern vermitteln auch das Gefühl von Anerkennung und sozialer Eingebundenheit.

Soziale Medien unterstützen Jugendliche bei der Bewältigung von Entwicklungsaufgaben

Wie oben dargestellt, nutzen Jugendliche digitale und hier v.a. soziale Medien in stärkerem Maße als alle anderen Altersgruppen. 2018 befragte Jugendliche und junge Erwachsene gaben zu 99% an, mindestens einmal am Tag im Internet online zu sein, 27% gaben an, „eigentlich nie offline" zu sein (Deutsches Institut für Vertrauen und Sicherheit im Internet [DIVSI], 2018, S. 15). Dies lässt sich vor dem Hintergrund verstehen, dass soziale Medien zur Bewältigung von Entwicklungsaufgaben des Jugendalters beitragen (Glüer, 2018).

Entwicklungsaufgaben

Entwicklungsaufgaben sind Aufgaben, die Menschen über die Lebensspanne hinweg in bestimmten Lebensabschnitten bewältigen müssen (Grob & Jaschinski, 2003). Ihre Bewältigung ist Voraussetzung für die Bearbeitung nachfolgender Aufgaben und letztlich für ein erfolgreiches und glückliches Leben. So ist es eine Entwicklungsaufgabe des Kindesalters, mit Gleichaltrigen zurechtzukommen, auf die im Jugendalter die Aufgabe aufbaut, „neue und reifere Beziehungen zu Gleichaltrigen beider Geschlechter aufzubauen" (Havighurst, 1952, zitiert nach Grob & Jaschinski, 2003, S. 24). Entwicklungsaufgaben lassen sich in drei Bereiche zusammenfassen: Aufgaben mit Bezug zur eigenen Person, z. B. die Erarbeitung der Geschlechtsidentität oder der Aufbau des eigenen Wertesystems, Aufgaben im zwischenmenschlichen Bereich, wie die genannte Gestaltung sozialer Beziehungen zu Freunden, sowie Aufgaben im gesellschaftlichen Bereich, die darauf ausgerichtet sind, sich auf den Beruf vorzubereiten und Verantwortung in der Gesellschaft zu übernehmen (Grob & Jaschinski, 2003). Diesen drei Bereichen übergeordnet ist die Entwicklung der eigenen Identität, die mit dem Übergang in das Erwachsenenalter nicht abgeschlossen, für Jugendliche aber besonders wichtig ist.

Soziale Medien bedienen in besonderer Weise den Wunsch nach Kommunikation und Selbstdarstellung. Identitäten können durch das Anlegen von (möglicherweise auch falschen) Profilen erprobt werden. Dabei wird die eigene Präsenz für andere sichtbar. Die Zuordnung zu Gruppen, gegenseitiges Liken und „Freundschaften" gestalten und zeigen soziale Beziehungen und Zugehörigkeiten wie auch den eigenen Status innerhalb der Gruppe (Glüer, 2018).

Eine besondere Rolle bei der Identitätsfindung kommt *Influencern* zu, Personen, die in sozialen Netzwerken oder auf YouTube zu Popularität unter Heranwachsenden gelangen. Insbesondere aufgrund ihrer Vertrauenswürdigkeit nehmen sie Einfluss auf das Kaufverhalten, aber auch politische Einstellungen. 2018 gab knapp die Hälfte von 14- bis 24-Jährigen an, dass sie von Influencern hilfreiche Anregungen bekommen und dass sie es mögen, an ihrem Leben teilzuhaben (DIVSI, 2018). Es gab aber auch deutlich kritische Haltungen gegenüber Influencern. Mehr als die Hälfte gab an, dass sie „nerven", und sah den Werbeaspekt hinter ihrem Auftreten.

Betrachtet man schließlich politische Bildung als Vorbereitung auf und Voraussetzung für gelingende gesellschaftliche Teilhabe, so bedienen auch hier digitale Medien das Informationsbedürfnis. Der Shell-Jugendstudie (Albert et al., 2019) zufolge informierten sich 2019 Jugendliche und junge Erwachsene zwischen 12 und 25 Jahren zu politischen Themen primär online über Nachrichten-Seiten, aber auch über YouTube und soziale Netzwerke wie Instagram oder Twitter. Mit Blick auf den Einfluss von YouTube-Influencern auf die politische Meinungsbildung sei an die Interviews zu den Wahlen 2015 und 2017 von LeFloid und anderen bekannten YouTubern mit Angela Merkel erinnert sowie an das Video „Die Zerstörung der CDU" des YouTubers Rezo zur Europawahl 2019, das vor der Wahl 10 Millionen Mal aufgerufen worden war und dementsprechend in Zusammenhang mit den Wählerverlusten von CDU und SPD gebracht wurde.

Fazit

Motivierende Mechanismen sozialer Medien machen es schwer, den Umgang mit ihnen zu begrenzen. Das trifft auf Jugendliche in besonderem Maße zu, da soziale

Medien die ihnen besonders wichtigen Möglichkeiten der Identitätsbildung und Kommunikation bereitstellen. Für einen kompetenten Umgang mit sozialen Medien ist es hilfreich, sich dieser Mechanismen bewusst zu werden.

Bewertung digitaler Medien durch Kinder und Jugendliche

Jugendliche selbst stehen digitalen Medien ambivalent gegenüber: In der DIVSI-Studie (2018) nach ihrem Erleben des Internets gefragt, gaben 69 % der Befragten an, das Internet mache sie glücklich.

> Wenn ich einen Aufsatz schreiben muss, gucke ich einfach [bei Google] die Biographie von denen an, und da ist man halt froh drüber. Z. B. meine Eltern meinten, früher mussten die dafür jedes Mal in die Bibliothek rennen, jetzt habe ich das in einer Minute gegoogelt. (männlich, 16 Jahre, DIVSI, 2018, S. 18)

Zugleich sahen viele auch negative Aspekte, so hatten 64 % das Gefühl, im Internet Zeit zu verschwenden, 48 % wünschten sich, in Zukunft weniger online zu sein (S. 21).

> Ich merke das selber auch, dass ich schon ziemlich abhängig bin. Wenn ich nach Hause fahre mit der Bahn und mein Akku leer ist und ich auch meine Power Bank nicht dabeihabe, dass ich halt überhaupt keinen Plan habe, was ich da mache. Wenn ich eine halbe Stunde fahre, weiß ich gar nicht, was ich mache. Ich gucke manchmal auf mein Handy und merke wieder ‚Ach, Scheiße, mein Akku ist ja leer', und ich bin total gelangweilt und kann keine Musik hören und nichts machen. (männlich, 17 Jahre, DIVSI-Studie, 2018, S. 24)

Neben der Befürchtung, süchtig zu sein und die Zeit nicht mehr selbst gestalten zu können, hatten die Jugendlichen auch Bedenken, dass ihre Daten von sozialen Netzwerken weitergegeben werden. Beispielsweise sprechen bereits bei 28 % der 14- bis 17-Jährigen solche Bedenken gegen die Nutzung von Facebook, dabei sind deutlich mehr Jungen als Mädchen kritisch.

Die EU-weite Studie EU Kids Online befragte 2010 25 000 Kinder und Jugendliche zwischen 9 und16 Jahren mit einer offenen Frage nach Belastungen durch das Internet (Livingstone et al., 2014). Ein Drittel der Befragten berichtete von Belastungen. Diese Risiken ließen sich einteilen in

- Inhaltliche Risiken: Kontakt mit pornografischen und gewalthaltigen Inhalten sowie andere Risiken (Werbung, Selbstverletzung, Rassismus etc.),
- Verhaltensrisiken aus der Kommunikation mit Gleichaltrigen, z. B. Mobbing, Teilen privater Informationen,
- Kontaktrisiken aus der Kommunikation mit Erwachsenen: Möglichkeit, tatsächlicher oder versuchter unangemessener, auch sexueller, Kontakt,
- Probleme der Datensicherheit und Gefährdung durch Viren etc.

Durch pornografische Inhalte fühlten sich beide Geschlechter gleichermaßen gefährdet, während durch gewalttägige Inhalte sich eher Jungen belastet sahen, durch Kontaktrisiken Mädchen. In der KIM-Studie (Rathgeb & Behrens, 2019) gaben 10 % der befragten 6- bis 13-Jährigen an, auf Inhalte gestoßen zu sein, die für Kinder ungeeignet waren, 5 % auf Inhalte, die ihnen unangenehm waren und 4 % auf Inhalte, die ihnen Angst gemacht haben. Als „unangenehm" erlebte Inhalte waren mit 59 % Erotik und Porno, 8 % Gewalt/Prügelszenen, 5 % Horror-/Gruselvideos und 5 % unangenehme Werbung (Rathgeb & Behrens, 2019, S. 61f.). Die ebenfalls befragten Eltern nahmen dagegen besonders Gewalt und Werbung als problematisch an, unterschätzten also die Belastung durch pornografische Inhalte.

Eine ganz spezielle Bedrohung für Kinder und Jugendliche, die durch die Verbreitung digitaler und v.a. sozialer Medien entstanden ist, sind Beleidigungen und Bedrohungen im Internet, das Cybermobbing (Kap. 4.2).

Fazit

Kinder und Jugendliche stehen digitalen, auch sozialen Medien ambivalent gegenüber.

4.1.2 Aktuelle Forschungsbefunde

Die Forschung zum Aufwachsen in der digitalen Welt ist ebenso bunt und vielfältig wie diese Welt selbst. Obwohl auch sie sich mit rasanter Geschwindigkeit weiterentwickelt, kann sie ihrem Forschungsgegenstand doch nur hinterherlaufen. Kaum untersucht eine Studie Effekte oder Nutzung von schüler- oder studiVZ, wird dieses soziale Netzwerk von Facebook abgelöst, dieses wiederum von Instagram und so weiter. Dabei verändern sich zwar die Nutzungshäufigkeiten, nicht aber die dahinterstehenden Motive (Kap. 4.1.1) sowie die Wirkmechanismen und konkrete Effekte, auf die wir im Folgenden zu sprechen kommen. Gerade mit Blick auf Medienwirkungsforschung ist es wichtig, vor vorschnellen Schlüssen und Interpretationen zu warnen. Es wird daher vorab die Forschungsmethodik vorgestellt und diskutiert.

Medienwirkungsforschung: Herausforderungen und Chancen

Ebenso polarisierend wie plakativ warnt der Neurowissenschaftler Manfred Spitzer in „Digitale Demenz" von 2012: „Meiden Sie digitale Medien. Sie machen ... tatsächlich dick, dumm, aggressiv, einsam, krank und unglücklich" (Spitzer, 2012, S. 325). Diese Aussage hat ebenso viele Anhänger wie Gegner gefunden. Eine sehr fundierte Auseinandersetzung legten z.B. Appel und Schreiner 2014 vor, indem sie die von Spitzer dargestellten Risiken anhand von Metaanalysen beleuchteten.

Dabei ist auch heute die Forschungslage noch unklar und macht es erforderlich, bei der Auseinandersetzung mit Befunden die verwendeten Methoden kritisch zu bedenken.

Ein besonderes Problem für die Medienwirkungsforschung ist die Frage nach *Kausalität:* Wenn Ereignisse gemeinsam auftreten, ist oft unklar, was Ursache und was Wirkung ist. Mit Blick auf digitale Medien stellt sich so beispielsweise die Frage, was zuerst da war, Internetnutzung oder Einsamkeit, Computerspiele oder Aggression etc.? Macht die Nutzung des Internets einsam oder nutzen einsame Personen häufiger das Internet? Fördern Computerspiele mit aggressivem Inhalt die Aggressivität oder bevorzugen aggressive Personen gerade diese Computerspiele?

Wenn in der in Kapitel 3.2 aufbereiteten Lehr-Lernforschung Bedingungen hergestellt und verglichen werden, indem z. B. eine digitale Lernumgebung mit einer Offline-Lernumgebung verglichen wird, ist dies im „Labor" relativ gut kontrollierbar, im Klassenkontext durch die Vielfalt möglicher Einflussfaktoren schon deutlich schwieriger. Der Gegenstand der alltagsweltlichen Nutzung digitaler Medien stellt die Forschung vor weitere Herausforderungen, weshalb einige Forschungszugänge vorab dargestellt werden. Wie in der Mode, wird dabei oft von *„Designs"* gesprochen. In Abhängigkeit davon, wie eine Studie angelegt ist, erlauben es Designs Zusammenhänge herzustellen oder Unterschiede zu prüfen.

Stellt man beispielsweise die Frage, ob die Nutzung des Internets einsam macht und erhebt zur Beantwortung der Frage sowohl die Einsamkeit als auch die Häufigkeit der Internetnutzung, so stellt man möglicherweise einen Zusammenhang fest, statistisch ausgedrückt eine Korrelation. Diese Korrelation erlaubt aber zunächst einmal für sich betrachtet keine Aussage darüber, ob die Internetnutzung einsam macht oder ob einsame Menschen das Internet häufiger nutzen. Es kann also nicht von der Korrelation auf die Kausalität, die Beziehung zwischen Ursache und Wirkung, geschlossen werden. Beide Ursache-Wirkungs-Beziehungen erscheinen zunächst intuitiv plausibel. Zudem ist noch eine weitere Interpretation möglich: Sowohl Einsamkeit als auch Internetnutzung hängen vielleicht von einer dritten Variablen ab, z. B. von einer Krankheit, dem sozioökonomischem Status, dem Geschlecht, von Persönlichkeitsmerkmalen oder einer Lebenssituation, wie z. B. zur Zeit des Corona-Lockdowns (vgl. Abbildung 14). Um einer fälschlichen Interpretation einer Korrelation als Kausalität zu entgehen, ist es daher wichtig, berichtete Ergebnisse immer kritisch zu hinterfragen: Wie wurde die Studie durchgeführt?

Andere Designs erlauben dagegen Schlüsse auf Kausalität. Dies sind zum einen Experimente, zum anderen Längsschnittuntersuchungen.

Experimente werden genau mit der Frage durchgeführt, ob eine Variable eine andere beeinflusst, also beispielsweise ob Computerspiele aggressiv machen. Dabei werden freiwillige Teilnehmende zufällig (randomisiert) einer von zwei Bedingungen zugewiesen: Die Teilnehmenden in Bedingung A spielen 60 Minuten lang

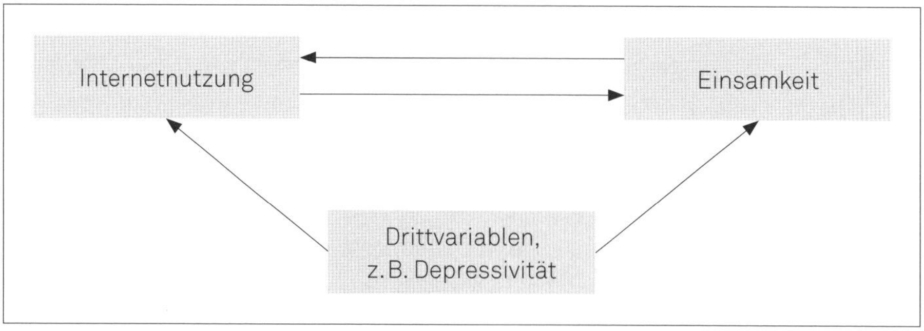

Abbildung 14: Interpretationsmöglichkeiten einer Korrelation

ein Computerspiel, in dem sie aggressive Handlungen ausführen, Teilnehmende in Bedingung B spielen 60 Minuten lang ein Computerspiel mit „friedlichem" Inhalt oder gehen einer anderen Tätigkeit nach. (Allerdings ist es methodisch günstiger, wenn die Unterschiede zwischen den Gruppen gering sind, so dass es aufschlussreicher ist, wenn auch Gruppe B ein Computerspiel spielt.) Wenn nun beide Gruppen hinreichend groß sind oder vielleicht sogar vor dem Computerspiel festgestellt worden ist, dass beide Gruppen gleichermaßen aggressiv waren, nach dem Computerspiel ist dann aber Gruppe A aggressiver als Gruppe B, so wäre das ein Hinweis darauf, dass Computerspiele aggressiv machen oder zunächst einmal, dass dieses Computerspiel in dieser Gruppe diese Art von Aggression ausgelöst hat (siehe auch Kap. 3.2).

Die Probleme dieses Vorgehens liegen auf der Hand: Die Situation ist eher künstlich. Ob eine solch kurze „Intervention" bereits die Aggression beeinflusst, ist fraglich, ebenso wie lang dies wirkt etc. Und nicht zuletzt stellen sich forschungsethische Fragen: Ist es erlaubt, Teilnehmende Computerspiele spielen zu lassen, die aggressive Handlungen beinhalten? Wenn z. B. untersucht werden soll, wie Shooter auf 12-Jährige wirken, wäre ein solches Experiment nicht zu rechtfertigen.

Diese Probleme stellen sich bei *Längsschnittstudien* weniger: Diese erfordern, dass dieselben Teilnehmenden über einen längeren Zeitraum mehrmals befragt werden, und zwar sowohl zu ihrer Mediennutzung also auch zu ihrer Aggression, Einsamkeit o. ä. Sie erlauben dann die Aussage, was sich wie verändert. Werden zusätzlich die Zusammenhänge zwischen den Variablen zu den verschiedenen Zeitpunkten der Datenerhebung berücksichtigt, können die möglichen Effekte getrennt werden. Ihr Vergleich erlaubt dann vorsichtige kausale Interpretationen (vgl. Kap. 4.3.2 zur Wirkung von Computerspielen).

Fazit

Immer genau hinsehen: Erlaubt die Anlage einer Untersuchung die angenommene Interpretation?!

Smartphone-Nutzung in Lernsituationen

Smartphones als omnipräsente Begleiter erlauben manchen Scherz über „Smombies", die im Straßenverkehr den Blick nicht vom Bildschirm wenden, provozieren Lehrkräfte im Klassenraum und Eltern am Abendbrottisch – nebenbei, auch Lehrende in Vorlesungen. Sie reduzieren am Arbeitsplatz die Produktivität und gefährden den Straßenverkehr. Wir gehen hier Forschungsfragen zur Auswirkung der Smartphone-Nutzung in Lern- und Leistungssituationen allgemein sowie im Lernkontext zu Hause und in der Schule nach.

Wie stellen Sie sich den Schreibtisch von Schülerinnen und Schülern bei den Hausaufgaben vor? Läuft Musik? Liegt das Smartphone daneben? Wozu wird es genutzt? Um Inhalte und Vokabeln nachzuschlagen oder auch (oder vor allem?) um – nebenbei – auch Textnachrichten zu versenden?

Wie in Kapitel 3 erläutert, befähigt der Aufbau des Arbeitsgedächtnisses nur in begrenztem Maße zur Ausführung paralleler Tätigkeiten. Wenn zwei oder mehr Medien gleichzeitig oder parallel für verschiedene anspruchsvolle Aufgaben genutzt werden, handelt es sich um *mediales Multitasking* (Frölich & Lehmkuhl, 2018). Dies ist z. B. der Fall, wenn beim Fernsehen gelesen oder im Internet gesurft wird, aber auch, wenn eine Mediennutzung mit einer anderen Aufgabe kombiniert wird, also etwa das Lesen der Sprachnachricht während des Lehrvortrags. De facto werden dabei nicht beide Handlungen gleichzeitig ausgeführt, es wird schnell zwischen den Aufgaben gewechselt. Dies geht in der Regel mit „Wechselkosten" einher. Es kommt zu Fehlern oder einer verlängerten Bearbeitungszeit der Aufgaben.

Entwicklungspsychologische Forschung zeigt einen Anstieg der Multitasking-Fähigkeiten von der Kindheit bis ins frühe Erwachsenenalter, dann nimmt sie wieder ab. Begründet wird dies mit der noch geringeren (Arbeits-)Gedächtniskapazität von Kindern, aber auch mit geringeren Strategien der Aufmerksamkeitslenkung. Zudem kann Multitasking auch eingeübt werden. Tatsächlich ist Multitasking bei 16- bis 24-Jährigen auch häufiger anzutreffen als in anderen Altersgruppen.

Unterrichtsexperiment zu Multitasking

Die Folgen von Multitasking können Sie in der Schulklasse direkt erfahrbar machen, wenn parallele Aufgaben kontrolliert durchgeführt werden. Lassen Sie z. B. zwei zweistellige Zahlen addieren. Die Zahlen können vorgelesen oder auf einem Bildschirm vorgegeben werden. Hinzu kommen unterschiedlich anspruchsvolle Zweitaufgaben:

- Instrumentalmusik hören
- Musik mit deutschem Text hören
- Mandala ausmalen

- Malen nach Zahlen
- Textnachricht lesen
- (sinnvolle) Textnachricht schreiben
- Lernvideo schauen etc.

Je nachdem, wie die Aufmerksamkeit verteilt wird, werden die Rechenaufgaben verlangsamt bzw. fehlerhaft oder die Zweitaufgabe gelingt schlechter.

Smartphone-Nutzung beim Lernen zu Hause

Für das häusliche Lernen stellt sich einerseits die Frage, ob und welche Paralleltätigkeiten stattfinden und im nächsten Schritt, welche Auswirkungen das auf den Lernerfolg hat. Um der ersten Frage nachzugehen, führten Rosen, Carrier und Cheever (2013) eine umfangreiche Beobachtung von 262 Schülerinnen und Schülern der Mittel- und Oberstufe sowie Studierenden in ihrer häuslichen Lernumgebung durch. Trainierte Beobachter waren 15 Minuten bei einer relevanten Lernaufgabe, z. B. Hausaufgabe, anwesend mit der Aufgabe zu beobachten, wie gelernt wird. Von diesen 15 Minuten wurden durchschnittlich 65 % der Zeit, also nur ca. 10 Minuten, mit der eigentlichen Aufgabe verbracht. Die Beobachteten blieben ca. 6 Minuten lang bei einer Aufgabe.

Eine etwas jüngere Fragebogen-Studie (Patterson, 2017) gibt einen guten Überblick, welche Medien Studierende beim häuslichen Lernen nutzten. Von 441 Befragten gaben 77 % an, nebenbei Textnachrichten zu schreiben, 60 % Musik zu hören, 52 % lasen oder schrieben auf Instagram, 48 % auf Twitter, 40 % schauten YouTube-Videos und 31 % Fernsehen. Allerdings kann bei der Mehrzahl dieser Aktivitäten nicht ausgeschlossen werden, dass sie durchaus für Lernbelange genutzt wurden, z. B. bei Erklärvideos auf YouTube oder dem Austausch mit Mitstudierenden über WhatsApp. Eine hohe Mediennutzung beim Lernen ging mit einer schlechteren Examensnote einher. Studierende mit viel paralleler Mediennutzung – letztlich verlorener Zeit – verlängerten ihre Arbeitszeit insgesamt nicht, hatten also weniger effektive Lernzeit.

Um Langzeiteffekte eines solchen Medien-Multitaskings zu prüfen, wurden gut 1000 Jugendliche zu drei Messzeitpunkten schriftlich befragt. Sie waren zum 1. Messzeitpunkt zwischen 11 und 15 Jahre alt. Die Befragungen fanden im November 2014, März 2015 und Juni 2015 statt (van der Schuur, Baumgartner, Sumter & Valkenburg, 2020). Dabei ging ebenfalls jeweils zu den einzelnen Befragungszeitpunkten mehr Mediennutzung mit schlechteren Leistungen einher. Allerdings hatte die Mediennutzung längsschnittlich keinen negativen Effekt auf die Leistung. Die Annahme einer Ursache-Wirkungs-Beziehung wird hier also nicht bestätigt. Dagegen ging vermehrte Mediennutzung mit späteren Aufmerksamkeitsproblemen einher.

Nun gibt es immer wieder Berichte von Schülerinnen und Schülern oder Studierenden, die gerne mit Musik oder in öffentlichen Räumen lernen. In der Tat kann dieses Multitasking beim Lernen auch motivieren, die Kreativität anregen oder Langeweile vorbeugen. Dies ist allerdings nur dann der Fall, wenn eine der Aufgaben als Primäraufgabe, z. B. Hausaufgaben erledigen, klare Relevanz hat und die Zweitaufgabe wenig kognitive Ressourcen verbraucht, z. B. Musik hören (vgl. Kap. 3, zum Überblick vgl. Frölich und Lehmkuhl, 2018).

Smartphone-Nutzung beim Lernen in der Schule

Für „private" Smartphone-Nutzung während des Unterrichts jenseits vom angeleiteten Umgang mit Lern-Apps (Kap. 3.3.1) bestätigt die Forschung weitgehend, was Lehrende schon ahnten: Sie lenkt ab. So wurde in einer Studie experimentell variiert, ob Schülerinnen und Schüler ihr Smartphone mit in den Unterricht nehmen durften. Es wurde nicht kontrolliert, ob das Smartphone an- oder ausgeschaltet war. Im Ergebnis war der Lernerfolg in der beobachteten Unterrichtseinheit ohne Smartphone deutlich größer als mit Smartphone. Schülerinnen und Schüler, die Textnachrichten erhielten und schrieben, schnitten in einem nachfolgenden Test besonders schlecht ab. Besonders betroffen waren Teilnehmende, deren Angst etwas zu verpassen (vgl. Kap. 4.1.1), besonders groß war (Mendoza, Pody, Lee, Kim & McDonough, 2018). Es muss also nach dem Zweck der Mediennutzung unterschieden werden. In einer Befragung von über 1700 Studierenden machten diese Angaben zu ihrer Mediennutzung während Vorlesungen (Junco, 2012). Dabei gaben 69 % der Befragten an, Textnachrichten zu schreiben/zu lesen, 28 % nutzten Facebook und schrieben/lasen E-Mails und 21 % recherchierten im Internet nach Inhalten ohne Bezug zum Vorlesungsthema. Dabei gingen nur die Facebook-Nutzung sowie das Schreiben von Textnachrichten mit schlechteren Noten einher. Internetrecherchen sowie E-Mails wiesen keinen Zusammenhang mit Noten auf. Wenn bei der Facebook-Nutzung nach sozialen Kontakten einerseits und Informationssuche und -teilen andererseits unterschieden wurde, erwiesen sich die Kontakte als problematischer. Allerdings handelte es sich hier um eine Querschnittsuntersuchung, so dass nicht ausgeschlossen werden kann, dass Drittvariablen, wie z. B. mangelnde Motivation oder geringere Selbstregulationsfähigkeiten, sowohl die Mediennutzung als auch die Noten beeinflusst haben.

Zusammenfassend stellt das Smartphone in Lernkontexten also eine mehr oder minder große Störquelle der Aufmerksamkeit und des Lernens dar. Andererseits werden Tablets und Smartphones in Lernkontexten empfohlen, durchaus auch mit der Aufforderung des „Bring Your Own Device" (vgl. Kap. 3.3.1), also gerade das eigene Smartphone in der Schule zu nutzen. Zudem scheint es angesichts der großen persönlichen Relevanz des Smartphones gerade für Jugendliche fast schon naiv, zu glauben, man könne Smartphones völlig aus der Schule verbannen. Es braucht also Regeln, die anhand des folgenden Teilkapitels erarbeitet werden können.

Dem Umgang mit Smartphones aus der Innensicht der Schülerinnen und Schüler ging eine Befragung in der Oberstufe nach. Ott, Magnusson, Weilenmann und Segerstad (2018) kombinierten dazu eine schriftliche Befragung von 206 Schülerinnen und Schülern mit fünf Fokusgruppeninterviews. Gegenstand war der Umgang mit Smartphones im Unterricht, die Begründung der Schülerinnen und Schüler dafür sowie ihre Bewertung der Situation. Dabei gab die Hälfte der Befragten an, durch die Smartphone-Nutzung (Spielen, Textnachrichten etc.) zumindest gelegentlich abgelenkt zu sein, ebenso durch die Smartphone-Nutzung von Mitschülerinnen oder Mitschülern. Ein Fünftel gab zudem an, dass der Umgang der Lehrkräfte mit der Smartphone-Nutzung von Mitschülerinnen und Mitschülern den Unterricht störe. Interessant ist in der nachfolgenden Interviewpassage, dass die Smartphone-Nutzung zwar als unhöflich beurteilt wird, den Schülern aber nicht klar ist, dass die Lehrkraft die Handynutzung unterbinden möchte, um das Lernen zu verbessern. Diese Zusammenhänge sollten daher erläutert werden.

Perspektive von Schülern: Reaktion von Lehrkräften auf Smartphone-Nutzung als Unterrichtsstörung (Ott et al., 2018, S. 529, Übersetzung der Autorin)

Sam: „Es gibt immer einige Schülerinnen oder Schüler, die das Handy herausnehmen und vom Lehrer ermahnt werden. Und selbst wenn es eigentlich nicht so wichtig ist, was der Lehrer zu ihnen sagt, unterbricht es irgendwie den Unterricht. Das stört."

Tim: „Aber ich verstehe das nicht. Wenn das Handy stummgeschaltet ist und die Person sitzt da und ignoriert den Lehrer, dann kann er (der Lehrer) das problematisch finden, aber ich glaube immer noch, dass er in der Lage sein sollte, Unterricht zu halten, ohne einem Schüler sagen zu müssen, dass er mit dem Handy herumspielt."

Sam: „Naja, ich finde es immer noch respektlos, dem Lehrer keine Aufmerksamkeit zu schenken."

Auf der anderen Seite wurde das Smartphone von den befragten Jugendlichen häufig auch für Lernbelange genutzt (Tabelle 13, Ott et al., 2018, S. 525). Selbst wenn die Schülerinnen und Schüler die Nutzung des Smartphones für schulische Belange möglicherweise zu positiv sehen oder darstellen, beeindruckt doch die Vielfalt der Aktivitäten.

Weiter ist interessant, wie die Schülerinnen und Schüler den Umgang der Lehrkräfte mit dem Lerneinsatz von Smartphones sahen. Während sie selbst fließende Grenzen zwischen verschiedenen Nutzungsformen unterstrichen, also beispielsweise dass sie soziale Medien auch für den Kontakt zu Mitschülerinnen und Mitschülern für schulische Belange nutzten, war ihr Eindruck, dass die Lehrkräfte durchweg davon ausgingen, das Smartphone werde ausschließlich zur Ab-

Tabelle 13: Schülerinnen- und Schülerangaben zur Smartphone-Nutzung für schulische Belange in der Schule (% mindestens wöchentliche Nutzung, *N* = 187; Ott et al., 2018)

Aktivität	Häufigkeit in %
Zusammenarbeit mit Klassenkameraden durch soziale Medien	80
Übersetzung von Wörtern	76
Bearbeiten von Bild und Ton	72
Verbinden des Computers mit dem Internet	60
Aufnahme von Bild und Ton	50
Bilder anschauen	45
Zusammenarbeit mit Klassenkameraden per Anruf	39
Fotos für Schulaufgaben machen	37
Unterrichtsnotizen lesen	32
Schreiben von Text für Schulaufgaben	33
Im Internet nach Informationen suchen	29
Verwendung einer Taschenrechner-App	27
Kommunikation mit Lehrkräften	27
Zugriff auf vom Lehrer erstelltes Material	18
Zugriff auf eine Lernplattform	17
Zusammenarbeit mit Klassenkameraden per Text	14
Informationsfilme im Internet anschauen	13

lenkung, „als Spielzeug“, genutzt. Demzufolge gab es in nennenswertem Ausmaß auch eine kritische Auseinandersetzung der Schülerinnen und Schüler damit, wenn Lehrkräfte das Smartphone konfiszierten oder generell für eine Unterrichtsstunde alle Smartphones einsammelten. In der Wahrnehmung der befragten Schülerinnen und Schüler führte dies sogar zu verstärkten Gedanken an das Gerät. Andererseits würden Lehrkräfte zwar oft auf Smartphones schimpfen, dann aber doch erwarten, dass z. B. Fotos vom Tafelbild damit gemacht werden. Belustigung liest man in dem Interview eines Schülers, der berichtete, dass eine Lehrkraft alle Smartphones am Beginn der Stunde eingesammelt habe und dann zum Anfertigen eines Fotos vom Tafelbild aufgefordert habe. Zudem nahmen die Jugendlichen selbst innerhalb einer Schule große Unterschiede zwischen Lehrkräften wahr sowie bei ein und derselben Lehrkraft zwischen Schulstunden. Es ist also notwendig, Gewinne und Probleme der Smartphone-Nutzung mit den Schülerinnen und Schülern zu besprechen und sich dann als Schule einheitlich und klar zu positionieren. In Kapitel 4.1.3 finden sich dazu Umsetzungshinweise.

Nähe zum Smartphone in kognitiv anspruchsvollen Situationen

Eine eindrucksvolle Studie auch für das Lernen im Klassenraum stammt von Ward, Duke, Gneezy und Bos (2017). Angesichts der Tatsache, wie häufig und geradezu unbewusst Menschen im Laufe des Tages in ihr Smartphone schauen, sind sie der Frage nachgegangen, welche Auswirkungen die reine Anwesenheit des Smartphones auf die Bewältigung kognitiv anspruchsvoller Aufgaben hat. Dahinter steht das Wissen um die menschliche Informationsverarbeitung (siehe auch Kap. 3.1.2): Menschen haben zur Verarbeitung von Informationen stets nur eine beschränkte Kapazität kognitiver Ressourcen zur Verfügung. Dies gilt insbesondere für die Kapazität des Arbeitsgedächtnisses, speziell der Zentralen Exekutive. Wenn nun das Smartphone stets präsent ist, auch wenn es gerade nicht aktiv genutzt wird, besteht die Möglichkeit, dass es auch dauerhaft Aufmerksamkeit benötigt und damit die Leistung des Arbeitsgedächtnisses reduziert und das Lernen behindert wird.

Die Autorinnen und Autoren der Studie nahmen daher an, dass bereits die reine Anwesenheit des eigenen Smartphones die verfügbare Aufmerksamkeit für andere Aufgaben reduziert. Um diese Annahme zu prüfen, führten sie ein Experiment durch. Das Smartphone war entweder

- nah, sichtbar auf dem Tisch (Tisch),
- nah, nicht sichtbar, im Rucksack oder der Hosentasche (Tasche) oder
- in einem anderen Raum (anderer Raum).

Es wurde geprüft, ob Studierende, die unter diesen Bedingungen Aufgaben bearbeiteten, Unterschiede bezüglich ihrer Arbeitsgedächtniskapazität aufwiesen. An dem Experiment nahmen 585 Studierende im Alter von durchschnittlich 21 Jahren teil. Die Studierenden wurden im Rahmen ihres Studiums zur Teilnahme an einem Experiment eingeladen. Das Smartphone wurde als Untersuchungsgegenstand nicht thematisiert. Sie wurden aufgefordert, es vollständig stumm zu schalten. Die Teilnehmenden wurden in der „anderer Raum"-Bedingungen aufgefordert, ihre Tasche, Jacke, Smartphone etc. außerhalb des Testraums abzulegen. In der „Tasche"-Bedingung sollten sie ihre Sachen mitnehmen und hatten so das Smartphone dort, wo sie es normaler Weise verstauen (52.3 % in der Hosentasche, 47.7 % im Rucksack). Den Teilnehmenden der „Tisch"-Bedingung wurde mitgeteilt, dass sie das Smartphone später für eine andere Aufgabe benötigen würden und wurden gebeten, es umgedreht auf den Tisch zu legen. Sie bearbeiteten dann eine typische Doppelaufgabe, mit der die Arbeitsgedächtniskapazität bestimmt wurde. Sie lösten Rechenaufgaben und sollten sich gleichzeitig eine zufällige Buchstabenfolge merken.

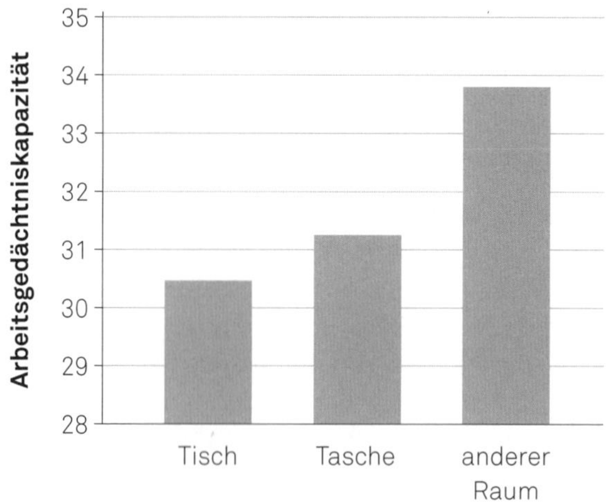

Abbildung 15: Ergebnis des Experiments von Ward et al. (2017, S. 145), Leistung des Arbeitsgedächtnisses in Abhängigkeit vom Ort des Smartphones

Die Ergebnisse zeigten Unterschiede zwischen den Bedingungen, sie sind Abbildung 15 zu entnehmen. Die Studierenden, deren Smartphone sich im anderen Raum befand, schnitten signifikant besser ab als diejenigen, die es in der Tasche verstaut hatten, diese wiederum besser, als wenn es auf dem Tisch vor ihnen lag. Die Teilnehmenden wurden abschließend befragt, ob sie während der Aufgabenbearbeitung an ihr Smartphone gedacht hatten. Hier zeigten sich keine Unterschiede zwischen den Bedingungen. Das heißt, die Aufmerksamkeit auf das Smartphone war den Studierenden nicht bewusst.

In einem weiteren Experiment wurde geprüft, ob das Stumm- oder völlige Ausschalten des Smartphones Unterschiede erbringt, was nicht der Fall war. Weiter wurde geprüft, ob die individuelle Bedeutsamkeit des Smartphones für die Teilnehmenden eine Rolle spielte: In der Tat profitierten diejenigen Studierenden, denen ihr Smartphone besonders wichtig war, besonders von der Entfernung. Gerade sie hatten besonders schlechte Leistungen, wenn das Smartphone auf dem Tisch vor ihnen lag.

Für den Unterricht lässt sich aus dieser Untersuchung ganz konkret ableiten, dass auch stummgeschaltete Handys Lernvoraussetzungen behindern.

Fazit

Die Begrenztheit der menschlichen Informationsverarbeitung führt zu Belastungen durch das Smartphone in Lernsituationen.

Zum Weiterlesen

Frölich, J. & Lehmkuhl, G. (2018). Multitasking: Gewinn oder „Zeitfalle"? – Eine Übersicht zum medialen Multitasking bei Kindern und Jugendlichen. *Zeitschrift für Kinder- und Jugendpsychiatrie und Psychotherapie, 46*, 431–443.

4.1.3 Handlungsoptionen und konkrete Umsetzung

Auf der Grundlage des Wissens um die Verbreitung, Ursachen und Folgen digitaler und hier insbesondere sozialer Mediennutzung stellt sich die Frage, wie mit digitalen Medien im Schulalltag umgegangen werden sollte. Sie lässt sich stark verkürzt als „Smartphone – ja, nein, manchmal?" zusammenfassen. Um sie zu beantworten, gehen wir zunächst auf Regeln des Umgangs mit Smartphones in der Schule ein, dann auf die in der Schule mögliche Medienbildung zum alltäglichen Umgang mit Smartphones.

Umgang mit Smartphone und Co. in der Schule

An französischen Schulen sind seit 2018 private digitale Endgeräte, also Handys, Smartphones, Tablets und Smartwatches bis zur Sekundarstufe I verboten. Die Schülerinnen und Schüler dürfen diese Geräte während der Schulzeit nur ausgeschaltet in der Schultasche haben. Begründet wird dies mit der Ablenkung im Unterricht, Bewegungsmangel in den Pausen und dem Risiko von Cybermobbing. In der Sekundarstufe II (ab ca. 15 Jahre) gibt es kein generelles Verbot mehr, die Schulen können dann individuell entscheiden. Diese Regelung führte bei ihrer Einführung zu einer lebhaften Diskussion auch bei deutschen Lehrkräften, Eltern sowie Schülerinnen und Schülern über ein mögliches Smartphone-Verbot an deutschen Schulen. In der Tat befürworteten dies nach einer Befragung des Schulbarometers 76 % der Eltern (Deutsches Schulbarometer, 2019). Von der Schuladministration ist dies bislang nicht vorgesehen. Sie überlässt die Verantwortung der Schule und plädiert dafür, das Gerät im Gegenteil stärker in den Unterricht einzubeziehen, um den kompetenten Umgang mit digitalen Medien zu fördern (vgl. Kap. 2 und 3).

Auch in Bayern, wo Handys bereits seit 2006 verboten sind, wenn sie nicht zu Unterrichtszwecken verwendet werden, wird diese Regelung gerade neu durchdacht. Seit dem Schuljahr 2018/19 läuft ein Schulversuch, in dem 135 Schulen selbstständig Regeln für den privaten Umgang mit Smartphones erarbeiten. Dabei soll jede Schule ein Medienkonzept ausarbeiten, das nicht nur die private Nutzung – ggf. räumlich, zeitlich oder altersmäßig gestaffelt – regelt, sondern auch die unterrichtliche Nutzung stärkt. Die beteiligten Schulen berichten bislang von positiven Erfahrungen durch die schulweite Auseinandersetzung mit der Mediennutzung und die gestärkte Mitbestimmung aller Beteiligten, auch der Schülerinnen und Schüler. Anekdotisch wird berichtet, dass die Schülerinnen und Schüler häufig sogar strengere Regeln formulieren als Lehrkräfte.

Ähnlich wie Bayern machen sich derzeit alle Bundesländer auf den Weg, Medienbildung und Medienkonzepte anzuregen und von Schulen einzufordern. Auf die damit verbundene Förderung digitaler Kompetenzen (Kap. 2) sowie des Lernens mit digitalen Lehr- und Lernmaterialen (Kap. 3) wurde bereits ausführlich eingegangen. Erforderlich ist aber auch die Auseinandersetzung mit der privaten Nutzung digitaler Medien im räumlichen und funktionalen Umfeld von Schule, also auch auf dem Schulhof und bei den Hausaufgaben. Dabei ist zu bedenken, dass zur Medienkompetenz auch der verantwortliche selbstregulierte Umgang mit digitalen, so auch sozialen, Medien gehört (vgl. Kap. 4.1.1). Vor dem Hintergrund der Herausforderungen durch digitale Medien gibt es dabei keine fertigen Lösungen. Umso wichtiger ist es, zu bewussten Entscheidungen für den eigenen Unterricht und idealiter die eigene Schule zu kommen.

Praktisch zu regeln ist unbedingt, wann, wie und wo Smartphones verwendet oder nicht verwendet werden dürfen. Die „Handyfreien Zonen" können sich auf Orte, Zeiten, Anlässe etc. beziehen. Wichtig ist, dass die Regeln klar kommuniziert werden und umsetzbar sind. Zudem muss allen Beteiligten klar sein, was bei Nichteinhaltung der Vorgaben geschieht. Wenn Geräte eingezogen werden, muss festgehalten werden, wo sie aufbewahrt und wann sie zurückgegeben werden. Beispiele für solche Regelungen finden sich im Internet, z.B. beim Landesmedienzentrum Baden-Württemberg („Umgang mit Digitalen Endgeräten in der Schule"; unter https://www.lmz-bw.de/medien-und-bildung/jugendmedienschutz/smartphones-apps/umgang-mit-digitalen-endgeraeten-in-der-schule/). Weitere Hinweise auf hilfreiche Seiten sind in Tabelle 14 zusammengestellt.

Checkliste: Smartphone-Ordnung an Ihrer Schule	
Es gibt klare Regelungen zum Umgang mit Smartphones.	○
Diese Smartphone-Ordnung ist allen bekannt.	○
Die Smartphone-Ordnung wird konsequent eingehalten.	○
Auch ältere Schülerinnen und Schüler halten sich an die Ordnung.	○
Auch die Lehrkräfte halten sich an die Ordnung.	○
Wir haben noch keine, aber es soll eine Smartphone-Ordnung erstellt werden.	○
Bei der Erstellung der Smartphone-Ordnung waren/sind die Schüler *aktiv* beteiligt.	○

Bei der Erstellung der Smartphone-Ordnung waren/sind die Eltern *aktiv* beteiligt.	○
Die Smartphone-Ordnung wird regelmäßig unter Beteiligung aller Gruppen evaluiert.	○
Die Smartphone-Ordnung wird regelmäßig an veränderte Situationen und Bedürfnisse angepasst.	○
Was ist Ihnen noch wichtig? ______________________	

Während hier etwas verkürzt von Regeln für Smartphones gesprochen wird, muss formal das gesamte Feld der digitalen oder auch mobilen Endgeräte geregelt werden. Neben Smartphones geht es also auch um Tablets, Wearables wie Smartwatch, Activity Tracker oder Datenbrille und einen vermutlich in Zukunft weiter wachsenden Markt. Dic Aufforderung, das Smartphone in der Tasche zu lassen, ist möglicherweise wirkungslos, wenn Schülerinnen und Schüler bei Klassenarbeiten mit der Smartwatch ins Internet gehen können. Auch dies spricht dafür, die Kinder und Jugendlichen einzubeziehen, um statt Buchstaben-Gehorsam (oder -Ungehorsam) zu erreichen gemeinsam mit der Herausforderung umzugehen, dass Smartphone sinnvoll einzusetzen und zugleich den Strom der Ablenkung einzudämmen.

In Kapitel 4.1.2 ist allerdings aus der Interview-Studie von Ott et al. (2018) deutlich geworden, dass den befragten Schülerinnen und Schülern nicht klar war, was aus Sicht der Lehrkräfte gegen die Handy-Nutzung spricht. Ihr Eindruck war, dass sich die Lehrkräfte gestört fühlen, nicht aber, dass die Lehrkräfte ihren Lernprozess unterstützen möchten. Das ist insofern verständlich, als auch im Experiment von Ward et al. (2017) die Nähe zum Smartphone (auf dem Arbeitstisch, in der Tasche oder in einem anderen Raum) zwar objektiv das Arbeitsergebnis in einem bedeutsamen Ausmaß beeinflusst hat, die Teilnehmenden sich aber gleichermaßen wenig abgelenkt fühlten. Lehrkräfte und Lernende müssen also über die mögliche Belastung durch das Smartphone ins Gespräch kommen. Die „Aushandlung" einer Smartphone-Ordnung ist ein guter Zeitpunkt, sich als Schule, Lehrkraft, pädagogische Fachkraft etc. auch medienpädagogisch mit digitalen Medien auseinanderzusetzen.

Leben in der digitalen Welt als Teil der Medienbildung

Als Teil von Medienkompetenz (vgl. Kap. 2) bedarf es zur Bewältigung des Alltags der Auseinandersetzung mit den omnipräsenten Angeboten des Smartphones und den damit verbundenen Risiken von Multitasking, Ablenkung und verlorener Zeit – bei Schülerinnen und Schülern oft zu Lasten schulischer Belange beim Lernen in der Schule wie auch zu Hause. Hinzu kommen die in Kapitel 4.1.1 erläuterten inhaltlichen Risiken (z. B. Kontakt mit pornografischen Inhalten) und Verhaltensrisiken (auf Cybermobbing wird in Kap. 4.2 eingegangen). Für die ebenfalls notwendige Auseinandersetzung mit der Datensicherheit sei beispielsweise auf das EU-Projekt „Klicksafe“ verwiesen (www.klicksafe.de).

Um Kinder und Jugendliche auf den kompetenten Umgang mit digitalen Medien im Alltag vorzubereiten, bieten sich Möglichkeiten wie Arbeitsgruppen, Unterrichtsreihen und Projekttage an. Damit kann aber nicht darauf verzichtet werden, digitale Alltagskompetenzen laufend als Querschnittsaufgabe im Unterricht und im Schulalltag zu vermitteln. Auch die sich mit steigendem Alter verändernden Bedürfnisse machen es notwendig, das Thema regelmäßig wiederkehrend zu bearbeiten. Die in Tabelle 14 aufgeführten Internetseiten sind ausgewählte Beispiele für ein breites Unterstützungs- und Materialangebot dazu.

Mit Kindern und Jugendlichen im schulischen Kontext über ihre private nicht-unterrichtliche Nutzung des Internets und speziell des Smartphones zu sprechen, hat einige Hürden:

- Für die Schülerinnen und Schüler ist es nicht offensichtlich, warum ihre private Mediennutzung zum Gegenstand der Schule wird, selbst, wenn sie in der Schule stattfindet oder die Hausaufgabenleistung beeinträchtigt. Dies wird auch in den Statements in Kapitel 4.1.2 deutlich.
- Für die meisten Erwachsenen – sei es in der Rolle als Lehrkräfte, pädagogische Fachkräfte, Sozialpädagoginnen und -pädagogen oder Eltern – ist das Gespräch über digitale Medien aufgrund der – gefühlten – größeren Expertise der Kinder oder Jugendlichen eine Herausforderung.
- Kinder und Jugendliche fühlen sich möglicherweise kontrolliert – und das zu recht. So ist beispielsweise die Nutzung von WhatsApp seit Einführung der überarbeiteten Datenschutzgrundverordnung von 2018 erst ab 16 Jahre erlaubt. Die Nutzenden bestätigen durch einen Klick bzw. ein Tippen, dass sie mindestens 16 Jahre alt sind. (Möglich ist auch, dass Erziehungsberechtigte der Nutzung zustimmen.) Instagram, Facebook, Snapchat und Twitter haben das Mindestalter auf 13 Jahre festgelegt. Dasselbe gilt für Computerspiele mit Altersbegrenzung.

Möglicherweise haben Sie weitere Bedenken oder auch bereits Erfahrungen mit Schwierigkeiten gemacht. Wenn Smartphone-Regeln in der Schule erarbeitet werden, ist es hilfreich, diese Herausforderungen möglichst konkret zu benennen.

Wie konnten Sie herausfordernde Situationen bereits bewältigen?

Wir geben im Folgenden einige Hinweise, die die Medienbildung erleichtern:

Erziehung ist keine Einbahnstraße – das gilt auch für Medienerziehung. Heranwachsende sind sowohl im Jugend- als auch schon im Kindesalter als Expertinnen und Experten ihrer eigenen Mediennutzung ernst zu nehmen. Es ist es wichtig, dass

Tabelle 14: Internetseiten zum Umgang mit Internet und Smartphone

Organisation	Internetlink	Themen	Zielgruppen	Kommentar
Handysektor	https://www.handysektor.de/	Informationsangebot zu Schule und Lernen (Lernalltag, YouTube), Lifestyle online, Technik und „Erste Hilfe“, Risiken Cybermobbing, Hate Speech, sexuelle Belästigung	Jugendliche	Partner von Klicksafe
Hessischer Bildungsserver Jugendmedienschutz	https://jugendmedienschutz.bildung.hessen.de/lehrer/Unterrichtsmaterialien_Downloads/Unterrichsteinheiten/index.html	Smartphone-Nutzung und Jugendmedienschutz	Lehrkräfte	Link- und Materialsammlung zur Gestaltung von Unterrichtseinheiten
Internet ABC, Landesmedienanstalten	https://www.internet-abc.de/lehrkraefte/lernmodule/	Surfen, Internet, Gefahren, Medien	Lehrkräfte (aber auch für Eltern und Kinder verfügbar)	Informations- und Unterrichtsmaterial/-ideen Gut geeignet für Grundschule
Klicksafe	https://www.klicksafe.de/	Cybermobbing, YouTube, Smartphone, Apps, Medienethik	Eltern, Lehrkräfte	Informationen und Lehrmaterial verfügbar. Material für den Unterricht kann bestellt werden

Tabelle 14: Fortsetzung

Organisation	Internetlink	Themen	Zielgruppen	Kommentar
Medien in die Schule	https://www.medien-in-die-schule.de/	Medienschutz, Realität vs. Fake, Nachrichten online, Jugend und Handy/Internet, Meinungen online, Lernen online, Freie Software und LernApps	Lehrkräfte	Unterrichtsmaterialien und „Werkzeugkästen" (methodische/didaktische Beispiele zu Integration in Unterricht)
Saferinternet	https://www.saferinternet.at/	Informationen zu Cybermobbing, soziale Netzwerke, Suchtprävention, Urheberrechte, Problematische Inhalte, Digitale Spiele und Materialien	Lehrkräfte, Eltern, Jugendliche	Nach Zielgruppe untergliederte Inhalte
Surfen mit SIN(N) – Sicherheit im Netz	https://www.surfen-mit-sinn.de/184-Aktuelles_-_News_Archiv	Jugendschutz, Medienkompetenzen, soziale Netzwerke, Cyber-Sicherheit	Lehrkräfte	Link- und Materialsammlung

sie einerseits wertgeschätzt sind, andererseits aber auch Grenzen erfahren. Dazu ist es erforderlich, mit den Schülerinnen und Schülern ins Gespräch zu kommen: Welche Medien nutzt ihr bzw. nutzen Sie? Was reizt euch bzw. Sie daran? Wie funktioniert das? Gerade bei Computerspielen und Smartphone-Apps, aber auch den visuellen Formaten in Instagram werden Kinder und Jugendliche möglicherweise gerne teilhaben lassen. Das setzt auf beiden Seiten Toleranz voraus, ist aber ohne Zweifel spannend! Natürlich können Sie sich auch im Hintergrund selbst informieren. Die jeweils aktuellen Medienstudien (Links z. B. in Kap. 4.1.1) erlauben einen guten Überblick, was Kinder und Jugendliche bewegt, und das Internet bietet sogar Übersetzungshilfen wie das Glossar zu Gaming-Begriffen auf www.Spielbar.de.

In diesem Zusammenhang braucht es eine klare Haltung dazu, ob Lehrkräfte sich in sozialen Medien bewegen, also z. B. in WhatsApp-Gruppen mit den Schülerinnen und Schülern ihrer Klasse oder „befreundet" auf Facebook. Auch dies solle auf Ebene der Lehrkräfte einer Schule diskutiert oder möglichst einheitlich gehandhabt werden. Und wie steht es mit dem Kontakt zu den Eltern? Sinnvoll kann es auch sein, den eigenen Account einmal kritisch zu hinterfragen. Gewagte Party-Fotos oder Posen werden Jugendliche zwar spannend finden, aber nicht goutieren.

Auch gibt es Fragen, die *schulische und schulorganisatorische Belange* mehr oder minder unmittelbar betreffen und daher im Unterricht geregelt werden können oder sogar sollten. Klassenintern werden Aufgaben (und Lösungen) zwischen den Schülerinnen und Schülern häufig über Instant Messaging, also z. B. WhatsApp, weitergegeben. Hierbei ist zu berücksichtigen, ob alle Schülerinnen und Schüler in der Gruppe sind oder ob Informationen an Einzelnen vorbeigehen. Gerade bei älteren Jugendlichen ist es sicherlich nicht Aufgabe der Lehrkraft, solch informelle Kanäle zu organisieren. Mit Blick auf Probleme der Datensicherheit, dem Risiko von Beleidigungen, dem Ausschluss Einzelner und damit letztlich Cybermobbing können diese Wege aber auch im Unterricht angesprochen werden. In der formellen Kommunikation sollte dagegen über schulische Lernplattformen kommuniziert werden, die die Datenschutzkonformität gewährleisten (z. B. itslearning, Moodle oder Logineo NRW, vgl. Kap. 3.1) und die von den Lernenden auch für eine sichere Kommunikation untereinander genutzt werden können.

Anstelle von Lehrkräften oder pädagogischen Fachkräften können *geschulte Mitschülerinnen und Mitschüler* ihr Wissen weitergeben und als Ansprechpersonen zur Verfügung stehen. Da es sich um Peers (Gleichaltrige und Gleichberechtigte) handelt, spricht man von „Peer-Education". Peers werden als authentisch wahrgenommen, sie teilen den Lebenskontext und fungieren so besonders erfolgreich als Vorbilder. Dies kann spontan in Workshops oder Unterrichtseinheiten genutzt werden, auch gibt es strukturierte Peer-Education-Projekte. So führt die Landesanstalt für

Medien NRW (2020) das Projekt „Medienscouts NRW“ durch. Auf der Grundlage von Workshops zu „Internet und Sicherheit“, „Soziale Netzwerke“, „Digitale Spiele“ und „Smartphone“ sowie zu den erforderlichen Schlüsselkompetenzen Kommunikation, Beratung und sozialem Lernen vermitteln Jugendliche Medienkompetenz und stehen für niederschwellige Beratung zur Verfügung. Neben den Peers werden auch Beratungslehrkräfte in diesem Setting weitergebildet. Auf der Projekthomepage finden sich Infomaterialien und Links (https://www.medienscouts-nrw.de).

Im *Fachunterricht,* z. B. Sozialwissenschaften zu Fake News oder Verschwörungstheorien, Deutschunterricht zu Doku Soaps, Biologieunterricht anhand von Podcasts etc., können digitale Medien, wie das Videoportal YouTube, und speziell auch soziale Medien einerseits genutzt und andererseits thematisiert werden. Der Lebensweltbezug ist für Kinder und Jugendliche motivierend. Zugleich wird Medienkompetenz in der Form, Informationen zu sammeln und zu organisieren wie auch einer kritischen und verantwortungsbewussten Haltung gegenüber digitalen Medien und deren verantwortungsvoller und sicherer Nutzung aufgebaut (vgl. Eickelmann, Bos, Gerick, Goldhammer et al., 2019, vgl. Kap. 2.1).

Die Nutzungszahlen digitaler Medien bereits im Kindergarten- und spätestens im *Grundschulalter* unterstreichen die Notwendigkeit einer frühen und umfassenden Medienbildung. Egal, ob man digitale Kompetenz als vierte Kulturtechnik begreift oder als Querschnittskompetenz, die quer zu Lesen, Schreiben und Rechnen liegt, hat die Grundschule gute Voraussetzungen, Kinder zur kompetenten und verantwortungsvollen Mediennutzung zu führen, da sie sehr leicht mit und für digitale Medien zu begeistern sind. Hier können sowohl Unterrichtseinheiten über digitale Medien (vgl. Kap. 2 Lernen für die digitale Welt) als auch mit digitalen Medien (vgl. Kap. 3 Lernen in der digitalen Welt) gestaltet werden (vgl. Herzig, 2020; Materialien z. B. auf www.internet-abc.de). Gerade kritisch-reflexive Ansätze ermöglichen Kindern eine Auseinandersetzung mit Alltagsmedien und ihren Wirkungen, z. B. zur Wirkung von

... Computerspielen auf das eigene Erregungsniveau,

... Influencern (und der dahinterstehenden Werbeabsicht) auf das Kaufverhalten,

... Cybermobbing auf Gefühle.

Umgang mit dem Smartphone als Thema im Unterricht

Um Schülerinnen und Schüler zur Auseinandersetzung mit der eigenen Smartphone-Nutzung anzuregen, ist es sinnvoll, dass sie sich einen Überblick über ihre individuelle Mediennutzung verschaffen. Im Internet findet sich dazu eine Fülle von *Medientagebüchern* für verschiedene Klassenstufen, mit unterschiedlichem Detailierungsgrad und Inhalten (z. B. auf den Seiten der Bildungsrektoren-Konferenz Zentralschweiz, www.zebis.ch/unterrichtsmaterial/medienverhalten-der-freizeit-medientagebuch-fuehren).

In Abhängigkeit von der Klassenstufe und der Zielsetzung der Unterrichtseinheit müssen folgende Punkte für das Tagebuch festgelegt werden:

- Zeitraum, z. B. eine Woche,
- Detaillierungsgrad, z. B. Wochentage oder Stunden,
- Medienkategorien, z. B. ausschließlich digitale oder auch analoge Medien,
- Eintragung auch von anderen Aktivitäten, z. B. Busfahren, Hausaufgaben, Gesprächen,
- Gestaltung des Tagebuchs, z. B. Symbole, Text etc.,
- Parallele Einträge mehrerer Mediennutzungen.

Gerade mit Jugendlichen ist es sinnvoll, die Form des Medientagebuches vorab gemeinsam zu erarbeiten. Für die Einbettung des Tagebuchs in die Unterrichtseinheit ist vorab auch zu überlegen, wie das Tagebuch ausgewertet werden soll (individuell? als Klasse? Sollen Zeiten addiert werden, z. B. in Excel?). In höheren Klassenstufen und dazu passenden Fächern (z. B. Pädagogik) ist es auch möglich, den in Kapitel 4.1.1 und 4.1.2 vermittelten wissenschaftlichen Hintergrund zu umreißen, wie die Funktionalität des Arbeitsgedächtnisses und die daraus resultierenden Folgen für das Multi-Tasking.

Die reine Zeiterfassung kann auch mit Reflexionen oder Bewertungen, z. B. zu Vor- und Nachteilen der Smartphone-Nutzung oder ihren Gründen und Problemen verbunden werden. Heeg, Genner, Steiner, Schmid, Suter und Süss (2018) haben dazu ein Forschungsprojekt mit 30 Jugendlichen durchgeführt, die über einen Monat hinweg ein ausführliches Smartphone-Tagebuch geführt haben. Die Tagebücher wurden von den Forscherinnen und Forschern und den Jugendlichen partizipativ gemeinsam ausgewertet. Die Jugendlichen konnten so ihren individuellen Umgang mit dem Smartphone herausarbeiten und Nutzen (z. B. schnelle Kontakte und Informationen, u. a. im Klassenchat, Unterhaltungsfunktionen) wie auch Gefahren (z. B. Ablenkung, Missverständnisse, Geldverschwendung, Druck zu antworten etc.) erkennen.

Dabei haben sich auch Strategien im Umgang mit dem Smartphone herauskristallisiert (Heeg et al., S. 21), z. B.

- „Handyfreie Zeiten (z. B. während Essen, bei Familientreffen, abends ab 20 Uhr)
- Smartphone den Eltern geben
- Smartphone außer Reichweite legen
- eine Akkuladung pro Tag muss ausreichen
- Apps löschen, die zu viel Zeit in Anspruch nehmen (z. B. Instagram, ...)
- ein Zeitlimit setzen, wie lange das Handy nicht in die Hand genommen werden darf
- ein Zeitlimit setzen, wie lange das Handy noch benutzt werden darf, bevor andere Aufgaben erledigt werden müssen“

Ziel einer solchen Unterrichtsreihe oder eines Workshops kann es also sein, einerseits individuelle Regeln zu formulieren (Was tut mir persönlich gut?) und andererseits auch zu Regeln für den Klassenverband zu gelangen (Wie können wir als Gruppe gut lernen?).

Alternative Handlungen aufbauen

Angesichts der beeindruckenden Zeitfenster, die nicht nur Jugendliche mit dem Smartphone und speziell sozialen Medien füllen, ihrem oft auch subjektiven Gefühl von Abhängigkeit und den dahinterstehenden motivationalen Mechanismen (vgl. Kap. 4.1.1), ist es nicht nur erforderlich, das eigene Bewusstsein für die Handy-Nutzung zu schärfen und Selbstregulation einzuüben, sondern auch, die Handy-Zeit durch alternative Tätigkeiten zu füllen. Dies wird z. B. aus den Konditionierungsmechanismen deutlich: Um eine konditionierte, weil häufig belohnte, Verhaltensweise zu ersetzen, braucht es alternative Handlungen mit ebenfalls belohnender Wirkung. Solch belohnende Handlungen unterscheiden sich stark zwischen Menschen: Sport, Gespräche, Stille, selbst Musik machen statt sie auf dem Smartphone hören, etwas anderes in die Hand nehmen usw. Es empfiehlt sich daher, dass die Schülerinnen und Schüler im Unterricht bzw. entsprechenden Projekttagen alternative Handlungen individuell erarbeiten. Nachdem sie einen Überblick über ihre eigenen Medienzeiten und -gewohnheiten gewonnen haben, können Überlegungen für die gewonnene Zeit angeregt werden. Möller und Krahé (2013) schlagen dazu vor, dass die Jugendlichen sich zunächst bewertungsfrei eine Übersicht über (medienfreie) Freizeitangebote verschaffen und diese dann an einem medienfreien Wochenende erproben.

Zusammenarbeit zwischen Elternhaus und Schule

Für eine Bildungs- und Erziehungspartnerschaft ist es erforderlich, Eltern in schulische Prozesse einzubeziehen. Konkret wünschen sich Eltern von der Schule, dass ihre Kinder dort den Umgang mit digitalen Medien lernen. Die Zusammenarbeit von Elternhaus und Schule ist daher auch im Umgang mit digitalen Medien und beim Lernen mit und über digitale Medien unumgänglich. Deutlich wird dies beispielhaft bei der Intervention zu Cybermobbing, bei der Lehrkräfte und Eltern gemeinsam agieren müssen (vgl. Kap. 4.2.3). Gerade weil digitale Medien in deutschen Schulen zudem noch wenig eingesetzt werden, findet ein großer Teil der Medienbildung als non-formale und informelle Bildung im Elternhaus statt, z. B. in Form von Internetrecherchen. Für die Medienbildung ist es daher hilfreich, Eltern zu involvieren (Buhl & Bonanati, 2020).

Weiterhin können digitale Medien die Zusammenarbeit zwischen Elternhaus und Schule auch erleichtern. Auf der Grundlage von vier Qualitätsmerkmalen schulischer Elternarbeit, die von der Vodafone-Stiftung in Zusammenarbeit mit einer wissenschaftlichen Expertenkommission ausgearbeitet wurden, werden

Qualitätsmerkmal A: Willkommens- und Begegnungskultur
Eltern fühlen sich als Teil der Schulgemeinschaft wohl und wertgeschätzt.

- Ist die Homepage Ihrer Schule angemessen und aktuell gestaltet? Können Informationen zu Ihrer Schule leicht gefunden werden?
- Gibt es digitale Formen des Austausches für Eltern?
- Sind Sie als Lehrkraft oder als Schule auch über digitale Kommunikationswege leicht erreichbar?
- Gibt es die Möglichkeit, Gesprächstermine online mit Lehrkräften und Schulleitung zu vereinbaren?
- Berücksichtigen Sie bei digitalen Ankündigungen und auf Ihrer Homepage unterschiedliche Hintergründe und Bildungsniveaus der Elternschaft?
- Erhalten die Eltern Möglichkeiten zum Erwerb schulrelevanter digitaler Kompetenzen?

Qualitätsmerkmal B: Vielfältige und respektvolle Kommunikation
Eltern und Lehrkräfte informieren einander regelmäßig und auch anlassunabhängig über alles, was für die Bildung und Erziehung der Schülerinnen und Schüler von Bedeutung ist.

- Welche verschiedenen Kommunikationswege bieten Sie Eltern an? Sind darunter auch Möglichkeiten zur digitalen Kommunikation über E-Mail, Messenger oder Videokonferenzen?
- Wie gehen Sie in Ihrer Schule/Ihrer Klasse mit vertraulichen Informationen und Datenschutz um?
- Werden regelmäßige Newsletter über die Homepage bereitgestellt?
- Wie planen Sie die Kommunikation innerhalb Ihrer Schule/Klasse? Beziehen Sie Eltern in die Planung ein?

Qualitätsmerkmal C: Erziehungs- und Bildungskooperation
Die Eltern, Lehrkräfte und Schülerinnen und Schüler arbeiten gemeinsam am Erziehungs- und Bildungserfolg und stimmen sich über Lernziele und Inhalte ab. Die individuelle Mitbestimmung von Eltern und Schülerinnen und Schülern ist gewährleistet.

- Können die Eltern sich an der Gestaltung des Schullebens mit digitalen Medien beteiligen?
- Können Eltern Ideen für die schulische Einbindung digitaler Medien einbringen?
- Können Eltern, die Expertinnen und Experten im Umgang mit digitalen Medien sind, sich am Unterrichtsgeschehen beteiligen?
- Werden Schülerinnen und Schüler, die von Eltern zu Hause nicht in ausreichender Form beim Lernen unterstützt werden können, durch digitale Angebote gefördert?

Qualitätsmerkmal D: Partizipation der Eltern
Die kollektive Mitbestimmung und Mitwirkung der Elternschaft ist gewährleistet. Sie werden, sofern erwünscht und praktikabel, in Entscheidungen über das Schulleben und Unterrichtsgeschehen eingebunden. Die Schülerinnen und Schüler werden angemessen beteiligt.

- Sind Eltern Beteiligungsmöglichkeiten zu Themen des Umgangs mit digitalen Medien bekannt und werden diese ausreichend transparent gemacht?
- Werden Eltern bei Überlegungen und Entscheidungen zum Umgang mit digitalen Medien (z. B. zur Smartphone-Nutzung auf dem Schulgelände) mit einbezogen?

Abbildung 16: Zusammenarbeit zwischen Elternhaus und Schule rund um das Thema „digitale Medien" (angelehnt an Sacher, Sliwka, Tschöpe-Scheffler, Walper & Wild, 2013)

in Abbildung 16 Möglichkeiten der Zusammenarbeit zwischen Elternhaus und Schule rund um das Thema digitale Medien in Form von Leitfragen präsentiert. Diese sollen zur Reflexion der Zusammenarbeit zwischen Elternhaus und Schule beim Thema digitale Medien anregen. Für detaillierte Informationen kann die Handreichung der Vodafone-Stiftung hier heruntergeladen werden (https://www.vodafone-stiftung.de/qualitaetsmerkmale-schulischer-elternarbeit/).

In den folgenden zwei Unterkapiteln gehen wir aufgrund ihrer Relevanz für Schule und Leben in der digitalen Welt vertiefend auf zwei Phänomene ein: Cybermobbing und Computerspiele.

4.2 Cybermobbing

Cybermobbing ist eine ganz wesentliche Belastung im digitalen Alltagsleben von Schülerinnen und Schülern. Im Eingangsbeispiel um Anna-Lena wurde eine Mitschülerin, Alina, immer wieder Opfer von Beleidigungen und Verunglimpfungen in den sozialen Medien (vgl. Kap. 1). Typisch ist, dass die Beteiligten in derselben Schulklasse sind, sich also auch „offline" kennen. Auch dass es Zuschauer und Zuschauerinnen, wie hier Anna-Lena, gibt, die sich nicht einzumischen wagen, ist häufig der Fall und stabilisiert das Cybermobbing-Geschehen.

4.2.1 Phänomene

Das Problem von „Mobbing" als solchem ist keineswegs neu. Es handelt sich um eine Form von Aggression, die in den verschiedensten sozialen Kontexten auftritt, von der Familie über Vereine bis zur Arbeitswelt und eben in der Schule. Gemeint ist das wiederholte und absichtliche Schikanieren Einzelner durch eine Gruppe oder durch Einzelne. Statt von Mobbing wird v. a. im anglo-amerikanischen Raum oft von „Bullying" gesprochen, wobei ursprünglich Bullying eine Schädigung durch einen einzelnen Bully (Tyrannen) meint, während Mobbing durch mehrere Personen ausgeführt wird.

Mobbing kann direkt physisch oder verbal erfolgen oder indirekt (relational), wenn z. B. Schülerinnen oder Schüler systematisch aus der Klassengemeinschaft ausgeschlossen oder Gerüchte verbreitet werden (Weichold & Blumenthal, 2018). Mobbing ist sowohl an Grundschulen als auch an weiterführenden Schulen anzutreffen, wobei die physische Gewalt mit steigenden Klassenstufen zurückgeht, während verbale und indirekte Gewalt zunehmen. Im schulischen Kontext können alle Akteure, also Schülerinnen oder Schüler, Lehrkräfte oder pädagogische Fachkräfte, Täterin bzw. Täter oder Opfer von Mobbing sein.

Da Mobbing in größeren sozialen Settings stattfindet, sind nicht nur zwei Personen als Täter und Opfer beteiligt (Wilde, 2020). Weitere *Rollen* der Beteiligten sind typischerweise

- Assistentinnen oder Assistenten des Täters bzw. der Täterin, die sich aktiv am Mobbing beteiligen,
- Verstärker des Täters bzw. der Täterin, die selbst wenig aktiv werden, die Täterin oder den Täter aber durch Zustimmung, Lachen etc. ermutigen,
- Verteidigerinnen oder Verteidiger des Opfers unterstützen es aktiv, sie trösten und versuchen, den Mobbingprozess zu beenden,
- Außenstehende (Bystander) greifen nicht ein und versuchen, Mobbingsituationen zu ignorieren.

Mobbing in der Schule hat eine enorme Relevanz, da die Opfer zahlreiche negative Folgen erleben: Die „Viktimisierung", zum Opfer zu werden, führt zu sozialem Rückzug und sozialer Isolation, wie auch zu einer Verringerung des Selbstwerts, zu Ängstlichkeit bis hin zu ausgeprägten psychischen und psychosomatischen Beschwerden und Suizid(-gedanken). Im Kontext der Schule führt Mobbing zu einer Verringerung der Lernfreude, Leistungsabfall und Schulabsentismus.

Mit der Verbreitung digitaler und v. a. sozialer Medien unter Kindern und Jugendlichen nimmt *Cybermobbing* zu, bei dem die Schädigung über digitale Medien erfolgt. Dies kann durch die Verbreitung von Informationen geschehen, andererseits werden Opfer aus Gruppen, z. B. in WhatsApp, ausgeschlossen.

Schenk (2020, S. 275) listet die folgenden *Formen* von Cybermobbing auf:

- „Belästigung: Massives Versenden belästigender Nachrichten, Verschicken anstößiger bzw. unerwünschter Inhalte an das oder im Namen des Opfers an Dritte;
- Bloßstellung: Verbreitung privater Informationen über das Opfer via Internet;
- Diffamierung und Rufschädigung: Verbreitung von Fälschungen, z. B. gefälschte Nachrichten, Postings und Ähnliches;
- Demütigung: Verbreitung demütigenden Materials; besonders beliebt sind hierbei sogenannte „Happy-Slapping-Videos“, in denen Mobbingopfer gefilmt wurden, während sie von anderen verprügelt wurden; hierunter fällt aber auch Verbreitung von Nacktbildern und ähnlichem Material;
- Bedrohung: Findet oft in anonymisierter Form statt“.

Eine Sonderrolle nimmt Sexting ein: „Sexting“ ist ein Kofferwort aus Sex und Texting (schreiben) und bezeichnet ursprünglich Nachrichten über sexuelle Themen, primär Dirty Talk. Im Bereich des Cybermobbings wird Sexting angesiedelt, wenn Kinder oder Jugendliche erotische Bilder oder Videos von sich selbst versenden. Zum einen geschieht dies nicht durchweg freiwillig, zum anderen kann das Material an andere weitergeleitet werden. So gaben 2018 13 % der 12- bis 19-Jährigen an, dass „schon mal jemand peinliche/beleidigende Fotos/Videos, auf denen ich zu sehen war, verbreitet“ hat (Rathgeb & Schmid, 2019, S. 50). Darunter waren mehr Mädchen als Jungen und besonders häufig 16- bis 17-Jährige.

Zur Frage nach der *Häufigkeit* von Cybermobbing betonen Peter und Petermann (2018), dass traditionelles Mobbing mit einer Prävalenz von ca. 35 % deutlich häufiger sei als Cybermobbing mit ca. 15 %. Entsprechende Vorkommnisse, die möglicherweise auch einmaliger Natur waren, fanden sich bei 21 % der Jugendlichen, bei Jungen etwas häufiger als bei Mädchen (Abbildung 17, Rathgeb & Schmid, 2019, S. 49). Ein Drittel der befragten 12- bis 19-Jährigen kannte 2018 Fälle von Cybermobbing („über das Smartphone oder online fertig gemacht“), 8 % der Jugendlichen berichteten, selbst schon Opfer von Cybermobbing geworden zu sein. Mädchen waren doppelt so häufig betroffen wie Jungen.

Ebenso wie traditionelles (Offline-)Mobbing findet sich auch Cybermobbing durchaus schon im Grundschulalter. Dank der zunehmend intuitiven Handhabung di-

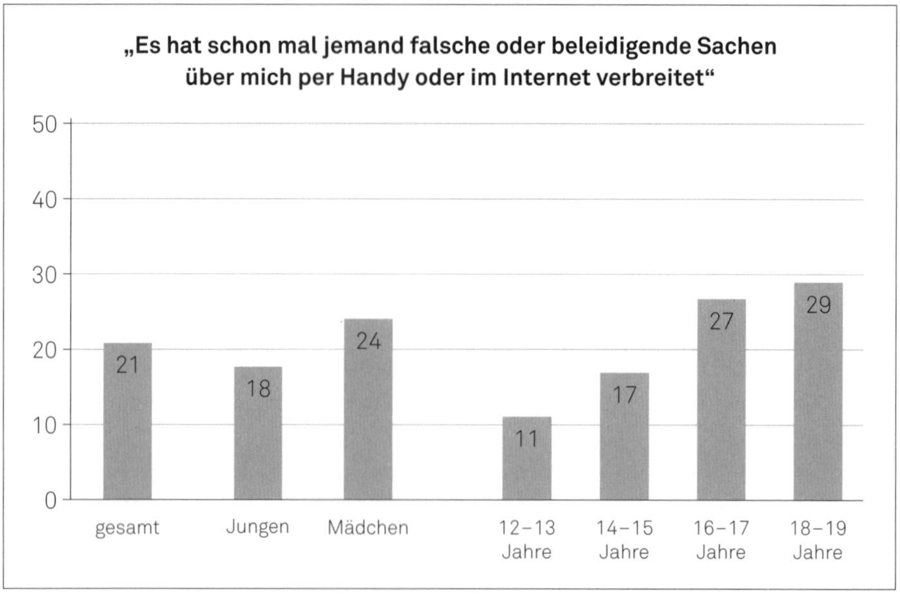

Abbildung 17: Häufigkeit von Beleidigungen über das Handy oder im Internet (Rathgeb & Schmid, 2019, S. 49)

gitaler Medien, der Verbreitung von Smartphones und der Nutzung von sozialen Plattformen und Instant Messanger-Diensten wie WhatsApp berichten schon Grundschulkinder über Erfahrungen mit Cybermobbing (Peter & Petermann, 2018), so dass Präventionsarbeit bereits in den ersten Klassenstufen beginnen sollte. Im Altersverlauf nimmt Cybermobbing bis ins mittlere Jugendalter (ca. 14 Jahre) zu und flacht dann wieder ab. 2017 gaben 60 % von gut 400 befragten Lehrkräften an, in den vergangenen 12 Monaten mit Cybermobbing in Berührung gekommen zu sein (Bündnis gegen Cybermobbing, 2017). Von mindestens einem Cybermobbing-Fall im vergangenen Jahr berichteten an Gesamtschulen 91 %, an Realschulen und Gymnasien gut 80 % und an Grundschulen 52 %.

Die Grenzen zwischen Offline- und Cybermobbing sind fließend. Besonders problematisch beim Cybermobbing ist, dass Internet-Inhalte durch Weiterleitungen und ihre Verbreitung auf verschiedenen Servern sowie Nutzer-Endgeräten kaum zu löschen sind. Auch ist Cybermobbing zeitlich und räumlich entgrenzt, findet also nicht „nur" in der Schule statt. Weiterhin fühlen sich die Täterinnen und Täter durch die Anonymität des Netzes sicher. Da sie die Reaktionen der Opfer nicht direkt erleben, ist zudem die Ausbildung der erforderlichen Empathie besonders schwierig. Cybermobbing führt, wie auch Offline-Mobbing, bei den Opfern zu den genannten physischen und psychischen Belastungsreaktionen.

Anders als bei Mobbing, das offline, z. B. in der Schule oder auf dem Schulweg erfolgt, sind Opfer von Cybermobbing in der Lage, die Täter ihrerseits zu attackieren, da beispielsweise körperliche Stärke beim Cybermobbing keine Rolle spielt. So wird ein Opfer von Cybermobbing möglicherweise selbst zum Täter, indem es seinerseits den Täter online beleidigt oder diffamiert. Beim Cybermobbing gibt es daher neben den oben erläuterten Gruppen zusätzlich die Rolle der Täter-Opfer, die in Befragungen mit 25 % durchaus stark vertreten ist (Peter & Petermann, 2018, Kap. 1).

Neben Tätern und Opfern sind auch beim Cybermobbing Bystander, Zuschauerinnen bzw. Zuschauer, beteiligt, deren Verhalten Einfluss hat, da sie das Cybermobbing-Geschehen verstärken oder abschwächen können. Wenn Mitschülerinnen oder Mitschüler beleidigende Äußerungen, Bilder oder Filme liken oder anderweitig positiv darauf reagieren, ermutigen sie den oder die Täter oder Täterin. Andererseits haben Bystander Möglichkeiten, Cybermobbing abzuschwächen oder zu beenden, indem sie online oder offline Kontakt mit den Tätern aufnehmen, andere Personen, z. B. Lehrkräfte oder Eltern, informieren oder die Opfer ermutigen. Auch können Provider veranlasst werden, Äußerungen, Bilder oder Filme zu löschen. In Kapitel 4.2.3 werden diesbezüglich mögliche Maßnahmen der Prävention und Intervention vorgestellt.

4.2.2 Aktuelle Forschungsbefunde

Voraussetzung für geeignete Präventions- und Interventionsmaßnahmen zum Cybermobbing im Kontext von Schule und Unterricht ist das Verständnis für Entstehungsfaktoren, auf die im Folgenden eingegangen wird.

Risikofaktoren für Cybermobbing

Grundlegender Risikofaktor, quasi Voraussetzung für Cybermobbing ist die ständige Verfügbarkeit sozialer Medien. Hinzu kommt ein leichtfertiger Umgang mit privaten Informationen und Bildern, der Mobbing-Tätern in die Hand spielt. Peter und Petermann (2018) veranschaulichen die Offenheit im Umgang mit eigenen Daten mit einer Analogie: Bei gleicher objektiver Wahrscheinlichkeit erwarten Menschen zwar, im Lotto zu gewinnen, nicht aber, vom Blitz getroffen zu werden. Ebenso erwarten Jugendliche eine Kariere als YouTuber, nicht aber, dass das dazu ins Netz gestellte Material auch für Cybermobbing gegen sie genutzt werden kann. Nichtsdestotrotz ist Cybermobbing weniger verbreitet als die Darstellung in populären Medien es erwarten lassen könnte. Neben den technischen Möglichkeiten der sozialen Medien müssen also noch weitere Risikofaktoren gegeben sein.

Zur Untersuchung der *Verbreitung* von Cybermobbing führten Porsch und Pieschl (2014) eine bundesweite repräsentative Telefonbefragung mit 1734 Jugendlichen zwischen 14 und 20 Jahren durch. Um zu erfahren, ob sie sich als Täterin bzw. Täter und/oder Opfer von Cybermobbing erlebten, wählten Porsch und Pieschl (2014, S. 12) verschiedene Zugänge. Zum einen fragten sie verhaltensnah, z. B. „Ist es im

Internet oder per Handy schon einmal oder sogar mehrmals vorgekommen, dass Ihnen jemand Drohungen, Beleidigungen oder andere unangenehme Nachrichten zugeschickt hat?" Zum anderen fragten sie direkt nach Cybermobbing-Erfahrungen als Täterin bzw. Täter oder Opfer. Dazu wurde Cybermobbing zunächst definiert: „Unter Cybermobbing versteht man das absichtliche Beleidigen, Bedrohen, Bloßstellen oder Belästigen von anderen – und zwar entweder im Internet oder per Handy". Während auf die verhaltensnahen Fragen hin 34 % der Schülerinnen und Schüler angaben, solch negative Viktimisierungserfahrungen im Netz gemacht zu haben, bezeichneten sich nur 6 % direkt als Opfer und 8 % als Täter von Cybermobbing. Diese Unterschiede sind nicht nur für die Interpretation von Forschungsbefunden wichtig, sondern auch für das Gespräch mit Kindern und Jugendlichen über Cybermobbing. Verhaltensnahe Problembeschreibungen sind günstiger als die diskriminierende Benennung von „Cybermobbing", der „Opfer"- und „Täter"-Rolle.

Als *Risikofaktoren* von Cybermobbing erwiesen sich bei Porsch und Pieschl (2014) u. a. die Schulform (Hauptschulen waren häufiger betroffen als Gymnasien), die im Internet verbrachte Zeit sowie die Täterschaft von Cybermobbing: Täter (gewesen) zu sein, war ein Risikofaktor, Opfer zu werden, so wie umgekehrt aus Opfern auch Täter werden. Dies wurde oben in Kapitel 4.2.1 als Sonderfall der Täter-Opfer beim Cybermobbing bezeichnet und ist ein wesentlicher Ansatzpunkt für Maßnahmen gegen Cybermobbing (Kap. 4.2.3). Für eine umfassendere Analyse zu Risikofaktoren konnte Guo (2016) in einer Metaanalyse 77 Studien zusammenführen, in denen Kinder und Jugendliche zwischen 9 und 24 Jahren befragt worden waren. Hinsichtlich demografischer Variablen erwiesen sich dabei Jungen häufiger als Täter, Mädchen häufiger als Opfer. Die ethnische Zugehörigkeit spielte keine Rolle. Als Kontextfaktoren hatten das Elternhaus, das Schulklima und die Peers Einfluss. Individuelle Risikofaktoren waren:

- die Häufigkeit von Aktivitäten im Internet bzw. mit dem Smartphone,
- externalisierendes Problemverhalten, z. B. Delinquenz, Aggressivität,
- internalisierendes Problemverhalten, z. Depression, Ängstlichkeit, Einsamkeit,
- aggressive Kognitionen, z. B. positive Einstellungen gegenüber Gewalt,
- auf andere bezogene Kognitionen, z. B. wenig moralische Werte, Empathie,
- antisoziale Persönlichkeit, z. B. Feindseligkeit, Impulsivität,
- Offline-Mobbing: Tätererfahrung und Viktimisierung.

Problemverhalten

Es werden zwei Formen von Problemverhalten unterschieden: Externalisierendes Problemverhalten umfasst Probleme im Zusammenleben mit anderen, wie z. B. delinquentes oder aggressives Verhalten. Internalisierendes Problemverhalten umfasst Probleme mit sich selbst, wie z. B. Ängstlichkeit oder Depressivität (vgl. Schneider & Popp, 2019). Externalisierendes Problemverhalten fand sich häufiger bei Tätern als bei Opfern, bei internalisierendem Problemverhalten war dies umgekehrt.

Weitere Analysen (zusammenfassend z.B. Peter und Petermann, 2018) vervollständigen das Bild, wonach das Risiko, zum Cybermobbing-Täter zu werden, in einer Umgebung mit positiver Einstellung zu Cybermobbing und geringen moralischen Normen steigt und auf der individuellen Ebene mit externalisierendem und internalisierendem Problemverhalten einhergeht, z.B. mit hoher Impulsivität, geringer Akzeptanz sozialer Normen und geringer Empathie. Für Prävention und Intervention wichtig ist auch, dass Opfer wie auch Täterinnen und Täter einen geringen Selbstwert aufweisen und auch Täterinnen und Täter von ihren Mitschülerinnen und Mitschülern häufig abgelehnt werden. Beide Gruppen fühlen sich der Schule wenig verbunden. Cybermobbing-Opfer haben zudem oft wenig Rückhalt bei den Eltern und bei Freundinnen und Freunden.

Vor allem hinsichtlich der psychischen Faktoren stellt sich wieder die Frage nach der Kausalität: Führt die Viktimisierungserfahrung durch Cybermobbing zu Depressionen und Ängstlichkeit oder werden depressive, ängstliche Schülerinnen und Schüler eher Opfer von Cybermobbing? Für ihre aktuelle Metaanalyse konnten Marciano, Schulz und Camerini (2020) auf 25 Studien zur Vorhersage von Cybermobbing-Täterschaft und 34 Studien zur Vorhersage der Viktimisierung zurückgreifen. Dabei erwies sich internalisierendes Problemverhalten in der Tat auch als Prädiktor für Viktimisierung, wurde aber durch die Opfererfahrungen deutlich verstärkt. Ob jemand zum Täter wird, hing ebenso stark von internalisierendem wie externalisierendem Problemverhalten ab, die sich dadurch beide ebenfalls verstärkten. Es wird also erkennbar, dass es nicht nur den Opfern, sondern auch den Tätern im Verlauf der Cybermobbing-Aktivitäten schlechter geht als zuvor. Daneben bestätigten die Analysen erneut den Übergang von Offline- und Online-Mobbing sowie von Täter- und Opferschaft im Cybermobbing-Bereich. Es ist also sehr bedeutsam, den Teufelskreis von Cybermobbing frühzeitig zu durchbrechen. Für schulische Präventions- und Interventionsprogramme ist dabei neben dem Schulklima die Einstellung zu Cybermobbing aufgrund ihrer Bedeutung wie auch Veränderbarkeit ein wichtiger Ansatzpunkt (vgl. Kap. 4.2.3). Für psychologische Theorien zur Entstehung von Cybermobbing sei auf Peter und Petermann (2018) verwiesen.

Gründe für Cybermobbing aus der Perspektive von Schülerinnen und Schülern

Während bislang Risikofaktoren für Cybermobbing quasi von außen betrachtet wurden, ist es für die Auseinandersetzung mit Cybermobbing-Beteiligten wichtig, die Motive aus Sicht der Kinder und Jugendlichen zu kennen. Dies hilft, mit Schülerinnen und Schülern ins Gespräch zu kommen, ohne Cybermobbing zu verharmlosen. Dazu führte das Bündnis gegen Cybermobbing (2017, S. 86) 2016/17 eine Befragung durch. Von 1586 Schülerinnen und Schülern gaben 13.4 % an, selbst bereits Täterin oder Täter von Cybermobbing gewesen zu sein. Dagegen berichteten nur 29 % der Befragten, in der Schule gelernt zu haben, wie man sich bei Cybermobbing verhält(Bündnis gegen Cybermobbing, 2017, S. 89f.). Tabelle 15 zeigt dabei erneut den Teufelskreis von Mobbing und Cybermobbing (z. B. „weil mich diese Person gemobbt hat“) und unterstreicht die Bedeutsamkeit von Null-Akzeptanz für Cybermobbing im schulischen Kontext, um Cybermobbing zu verhindern, das durchgeführt wird, „weil andere das auch machen“, „nur zum Spaß“, „weil es cool ist“ etc.

Tabelle 15: Von Schülerinnen und Schülern angegebene Motive für Cybermobbing (Bündnis gegen Cybermobbing, 2017, S. 86, Angaben von 212 Befragten, Mehrfachantworten möglich)

Häufigkeit	Motive
45 %	weil die Person es verdient hat
43 %	weil ich Ärger mit der betreffenden Person habe
28 %	weil mich diese Person gemobbt hat
23 %	nur zum Spaß
18 %	um andere, die gemobbt worden sind, zu rächen
13 %	weil andere das auch machen
12 %	weil ich schlechte Laune habe
11 %	weil mir langweilig war
9 %	weil es cool ist

Fazit

Cybermobbing stellt für alle Beteiligten eine nennenswerte Belastung dar. Risikofaktoren für Cybermobbing sind der Kontext auch der Schule sowie Mobbing-Erfahrungen und Personenmerkmalen der Täterinnen und Täter wie auch der Opfer. Sowohl das Problemverhalten als auch Empathie und Einstellungen zu Gewalt können durch (schulische) Maßnahmen verändert werden.

Hilfreiche Links finden sich zudem in Tabelle 14 (Kap. 4.1.3), z. B. zu den Seiten der EU-Initiative Klicksafe (https://www.klicksafe.de/themen/kommunizieren/cyber-mobbing/cyber-mobbing-was-ist-das/). Texte und Filmmaterial erleichtern es, mit den Schülerinnen und Schülern über Cybermobbing ins Gespräch zu kommen.

4.2.3 Handlungsoptionen und konkrete Umsetzung

Das Risiko für Cybermobbing ist ein besonders starkes Argument gegen das Mitführen von Smartphones in der Schule. Aufgrund der nennenswerten Prävalenz und großen Bedeutung für die betroffenen Schülerinnen und Schüler sollten Lehrkräfte für (Cyber-)Mobbing sensibilisiert sein. Es ist notwendig, diese Form von Gewalt nicht nur zu erkennen, sondern bereits vorzubeugen und bei auftretenden Cybermobbing-Fällen schnell geeignete Maßnahmen zu ergreifen.

Prävention

Mit Blick auf das Phänomen und die Forschungslage sind Schulen in verschiedener Hinsicht ein wichtiger Ort für Cybermobbing-Präventionsprogramme:
- Schule ist ein Ort, an dem viele potenzielle Betroffene aller Rollen zusammenkommen. Programme haben so eine große Reichweite.
- Cybermobbing findet entgrenzt an beliebigen Orten statt, setzt aber häufig an Offline-Mobbingerfahrungen an, so dass schulische Peerkontakte bedeutsam sind.
- Auch schulische Kontexte wie das Schulklima sind Risiko-/Schutzfaktor für bzw. gegen (Cyber-)Mobbing.

Allerdings gab es 2017 nur an einem Drittel befragter Schulen entsprechende Programme (Bündnis gegen Cybermobbing, 2017).

Eine wesentliche allgemeine Präventionsmaßnahme sind bereits die in Kapitel 4.1.3 vorgeschlagenen klaren Regeln zum Umgang mit Smartphones, in die Regeln zum Umgang mit Fotos, Filmen bzw. deren Verbot und dem Versenden von Nachrichten mit aufgenommen werden sollten. Weitere Maßnahmen betreffen Regeln, die aus dem Mobbing-Bereich bekannt sind:
- Dem Opfer als Lehrkräfte wie auch als Klassengemeinschaft beizustehen,
- Motive des Täters oder der Täterin zu ergründen und
- ggf. Unterstützung beim Jugendamt oder der Polizei zu suchen.

Andererseits bedarf es der bereits mehrfach angesprochenen Kompetenzen im Umgang mit digitalen und speziell sozialen Medien – auf Seiten der Lehrkräfte und der Schülerinnen und Schüler. Vermittelt werden können auch Cybermobbing-bezogene Medienkompetenzen gut in Peer-Education-Programmen, für die in Kapitel 4.1.3 exemplarisch die Medienscouts NRW vorgestellt wurden (vgl. Peter & Petermann, 2018). Entsprechend der zunehmenden Bedeutung von Cybermobbing stellen Kommunen und Länder Präventionsmaterialien zur Verfügung, schulen Fachkräfte und Multiplikatoren und führen Workshops an Schulen durch. Angebote finden sich auf den entsprechenden Internetseiten (s. Tabelle 14). Auch gibt es inzwischen einige Programme, die auf Basis wissenschaftlicher Forschung entwickelt wurden, manualisiert vorliegen und in ihrer Wirkung empirisch bestätigt wurden. In Deutschland verbreitet sind u.a. das Surf-Fair-Programm von Porsch und Pieschl (2012) sowie das Programm Medienhelden von Schultze-Krumbholz, Zagorscak, Roosen-Runge und Scheithauer (2018). Beide Programme können auf der Grundlage des vorliegenden Materials von fortgebildeten Lehrkräften oder pädagogischen Fachkräften selbst durchgeführt werden. Sie wirken präventiv sowohl gegen Cybermobbing also auch gegen traditionelles Mobbing.

Medienhelden-Programm von Schultze-Krumbholz, Kolleginnen und Kollegen (2018)

Ziele:

- reflexive Medienkompetenz und einen verantwortungsvollen Umgang mit digitalen Medien aufzubauen,
- dazu Wissen und Handlungskompetenz zu vermitteln,
- Empathie und Perspektivenübernahme zu fördern,
- Schülerinnen und Schüler, Eltern und Lehrkräfte zu sensibilisieren und so
- Cybermobbing vorzubeugen und zu vermindern.

Zielgruppe sind Jugendliche der Sekundarstufe I. Als Curriculum wird das Programm über 10 Wochen hinweg einmal wöchentlich für 90 Minuten durchgeführt. Zudem steht eine Kurzform für einen Projekttag zur Verfügung, bei der an einem Tag vier 90-Minuten-Blöcke bearbeitet werden. Das Programm kombiniert Wissensvermittlung zu digitalen Medien, Cybermobbing-Definitionen, Konsequenzen, Handlungsmöglichkeiten und Wissen zum rechtlichen Hintergrund mit der Förderung von Empathie und moralischen Entscheidungen sowie Rollenspielen. Zudem wird ein Elternabend zum Programm angeboten.

Andere Programme richten sich bereits an Grundschulkinder, indem die Situation von Cybermobbing-Opfern und Tätern erarbeitet und Verhaltensregeln für die eigene Klasse aufgestellt werden.

Intervention

Da Cybermobbing in allen Schulformen und Altersstufen auftreten kann, ist es wichtig, potenzielle Symptome wie das in Kapitel 4.2.2 erläuterte internalisierende und externalisierende Problemverhalten sowie Leitungsrückgang zu hinterfragen. Selbstverständlich können auch andere Ursachen hinter diesem Problemverhalten stehen, z.B. familiale Belastungen, Krankheiten etc. Wenn ein Cybermobbing-Fall in der Schule auftritt, können Lehrkräfte das Cybermobbing-Opfer ermutigen,

- ruhig zu bleiben und nicht seinerseits zurückzuschlagen, um dem Teufelskreis von Opfer und Täter-Opfer zuvorzukommen,
- Beweise zu sichern, z. B. in Form von Screenshots,
- die schädigenden Texte, Bilder oder Videos beim Provider der Plattform löschen zu lassen (Auf www.klicksafe.de finden sich Kontaktadressen und technische Hilfen.),
- die Eltern einzubeziehen,
- sich Hilfe bei der Polizei zu holen.

Gemeinsam mit dem Opfer und ggf. dessen Eltern können Strategien erarbeitet werden, den oder die Täter anzusprechen und ihr oder ihm die persönlichen, aber letztlich auch rechtlichen Konsequenzen zu verdeutlichen. In einem Brief, zunächst an die schädigende Schülerin bzw. den schädigenden Schüler, dann auch an die Eltern ist die Beendigung des Cybermobbings zu fordern, der Leidensdruck des Opfers zu beschreiben, konkrete Erwartungen an Unterlassung zu formulieren und auf die Strafbarkeit hinzuweisen. Konkrete Formulierungsvorschläge und strafrechtliche Erläuterungen finden sich auf www.klicksafe.de sowie bei Peter und Petermann (2018).

Angesichts der bedeutsamen möglichen Folgen von Cybermobbing in Form von aggressivem Verhalten und/oder Depressionen bis hin zur Suizidgefahr, sollten Lehrkräfte, Beratungslehrkräfte oder pädagogische Fachkräfte, denen betroffene Kinder oder Jugendlichen sich anvertrauen, auch Möglichkeiten der Fremd- oder Selbstgefährdung in Betracht ziehen und die Betroffenen darauf ansprechen. Hilfestellung geben dabei die schulpsychologischen Dienste.

Zum Weiterlesen

Peter, I.-K. & Petermann, F. (2018). *Cybermobbing im Kindes- und Jugendalter.* Göttingen: Hogrefe.

4.3 Computerspiele

Computerspiele sind ein zentraler Teil des Alltags(er)lebens von Heranwachsenden, dem viele Erziehende, sei es als Lehrkräfte, pädagogische Fachkräfte oder Eltern, große Skepsis entgegenbringen oder sie gänzlich ablehnen. Da es wichtig ist, dass Lehrkräfte sich angemessen auch mit diesem Teil der digitalen Welt ihrer Schülerinnen und Schüler sowie ihren potenziellen Risiken auseinandersetzen, haben wir dieses Thema hier aufgenommen.

Wenn im Fallbeispiel von Anna-Lena (Kap. 1) ihr Bruder besonders gerne und engagiert spielt, so ist das kein Zufall: Jungen spielen häufiger Computerspiele (im Gegensatz zu Smartphone-Spielen) und das Gewinnen ist ihnen wichtiger als Mädchen. Insofern ist es die Auseinandersetzung von Lehrkräften mit Computerspielen auch im Sinne der Jungenförderung relevant.

4.3.1 Phänomene

Gerade an dieser Stelle sei daran erinnert, dass Eltern, Lehrkräfte und andere Erziehende immer wieder Medien und Inhalten kritisch gegenüberstanden, die ihnen selbst fremd waren, zum Leben der nachfolgenden Generationen aber dazugehörten, je nach Epoche waren dies Romane, Comics, Pop-Musik etc. So sind aus dem Leben heutiger Jugendlicher Computerspiele nicht mehr wegzudenken, mit denen Eltern und Lehrkräfte in ihrer eigenen Kindheit und Jugend je nach Alter noch kaum Kontakt hatten oder aber Kontakt zu anderen Spielen und in anderem Ausmaß. Daher geben wir eine kurze Hinführung mit dem Fokus auf Freizeitspiele ohne Lernelemente (für Lernspiele vgl. Kap. 3).

Verbreitung und Merkmale von Computerspielen

Computerspiele, oft in Anlehnung an das Englische auch als „Videospiele" bezeichnet, werden auf dem Computer, speziellen Konsolen, Handheld-Konsolen (der klassische Gameboy/Nintendo), dem Smartphone oder dem Tablet gespielt. Laut der JIM-Jugendstudie spielten Jugendliche 2018 täglich bis mehrmals die Woche auf dem Smartphone (45 %), der Konsole (26 %), dem Computer (24 %) oder dem Tablet (7 %).

Dabei weist die Gerätenutzung der Spielenden große Geschlechtsunterschiede auf: Während Mädchen am häufigsten am Smartphone spielten (63 % der Spielenden), taten dies von den spielenden Jungen nur 23 %. Dagegen ist die Nutzung beim Computer/Laptop mit 13 % Mädchen und 34 % Jungen sowie der Spielkonsole mit 12 % Mädchen und 36 % Jungen anders verteilt (Rathgeb & Schmid, 2019). Generell ist die Verbreitung von Computerspielen kein Jugendphänomen: 72 % der Spielenden sind älter als 18 Jahre, darunter sind 41 % Frauen (Breiner & Kolibius, 2019b, S. 109).

Computerspiele können online oder offline gespielt werden. Auch die Anzahl der Beteiligten ist sehr unterschiedlich: Von Einzelspielen über Gruppenspiele bis zu Massenspielen (z. B. massively multiplayer online games). Neben kostenpflichtigen Spielen gibt es auch als kostenlos vertriebene Spiele (free to play), die sich zumeist über Werbung vor dem oder während des Spiels finanzieren. Teuer können kostenlose Spiele durch „in-game-Käufe" werden, bei denen für Aufwertungen der Ausrüstung oder des Aussehens, Futter für Spielfiguren etc. bezahlt wird. Die auch von Kindern und Jugendlichen aufgebrachten Summen stellen eines der mit den Spielen verbundenen Risiken dar. Auf dem Smartphone und dem Tablet werden kurze Gelegenheitsspiele gespielt, die als Apps heruntergeladen werden. Sie können online auch zusammen bzw. gegeneinander gespielt werden.

Wie in der Literatur gibt es unterschiedliche Genres mit fließenden Grenzen und deutlichen Überschneidungen, von denen die unter Kindern und Jugendlichen verbreitetsten in Tabelle 16 erläutert werden.

Tabelle 16: Videospielgenres (in Anlehnung an Breiner & Kolibius, 2019a; Fachstelle für Jugendmedienkultur NRW, 2020)

Genre	Aktivität der Spielenden
Erzählspiele (adventure games) mit unterschiedlichem Schwerpunkt auf Action oder Strategie	Geschichten (nach-)spielen, Aufträge erledigen
Sportspiele	Simulation von Sportarten, z. B. Fußballsimulation FIFA 18
Denkspiele	Puzzle, Kreuzworträtsel, Karten-, Brettspiele etc., z. B. Solitaire
Musikspiele	Lieder erkennen, komponieren, tanzen
Rollenspiele: Vorgänger sind klassische Tabletop (Tischplatte)- oder Pen & Paper-Rollenspiele	Gespielt werden Figuren in (Fantasy) Abenteuern, die durch bestimmte Fähigkeiten und Eigenschaften gekennzeichnet sind, u. a. *Massenrollenspiele* (massively multiplayer online role-playing games, MMORPGs) mit Tausenden von Spielern auf einem Server (z. B. World of Warcraft)
Planspiele oder Simulationsspiele	Städte aufbauen (z. B. Sim City), Wirtschaft, Evolution, Landwirtschaft etc. simulieren
Flug- und Fahrsimulationsspiele	Fahrzeuge steuern, z. B. Auto, Flugzeug
Schießspiele/Shooter	Kampf gegen feindliche Gruppen mit Waffen, meist Schusswaffen. Je nach Perspektive Ego-Shooter oder Rückenshooter (Third Personen Shooter)
Plattformspiele: Springen und Rennen (jump'n runs) auf Plattformen	Hindernissen ausweichen
Parallelweltspiele (open world games)	Bewegung in einer virtuellen Welt, Erledigung von Missionen, bei denen Aufgaben aus anderen Genres (Fahrsimulation, Shooter etc.) möglich sind, z. B. Grand-Theft-Auto

Ebenso wie Filme werden auch Computerspiele von der Unterhaltungssoftware Selbstkontrolle (USK) für bestimmte Altersgruppen freigegeben (ab 0, 6, 12, 16, 18 Jahre). Darüber hinaus gibt es pädagogische Beurteilungen z. B. durch den Spieleratgeber-NRW oder Spielbar.de der Bundeszentral für politische Bildung. Wenn in den Medien Computerspiele thematisiert werden, sind damit oft Shooter, die sogenannten „Ballerspiele“, gemeint, deren negative Auswirkungen immer wieder diskutiert werden. Weitere negative Effekte, v. a. Geld und Zeit zu verbrauchen, werden allen Spielen zugeschrieben. In Kapitel 4.3.2 wird die empirische Evidenz für die Annahme diskutiert, dass Computerspiele die Gewaltbereitschaft fördern.

Attraktivität von Computerspielen

Computerspiele berühren den schulischen Kontext einerseits direkt, wenn sie in der Pause (oder der Schulstunde) auf dem Smartphone gespielt werden, andererseits indirekt aufgrund ihrer potenziellen Folgen im Verhalten der Kinder und Jugendlichen. Ebenso wie die Nutzung des Internets und speziell sozialer Medien lässt sich die Attraktivität von Computerspielen auf der Grundlage psychischer Mechanismen verstehen, insbesondere greifen hier Theorien zur Entstehung von Motivation wie die in Kapitel 3.1.3 erläuterte Selbstbestimmungstheorie (Ryan, Rigby & Przybylski, 2006). Computerspiele bedienen die Grundbedürfnisse Kompetenzerleben, Autonomie und soziale Eingebundenheit:

- Kinder und Jugendliche wählen sie *autonom* aus. Sie etablieren hier – gerade im Jugendalter – auch Territorien des Selbst, die zunächst zweckfrei sind. Auch entscheiden die Spielenden autonom über ihre Handlungen.
- Die Spielenden erleben sich als *kompetent:* Die Einstufungen in „Levels“, die den eigenen Fähigkeiten angepasst sind, erlauben das individuell günstige Maß zwischen Herausforderung und Kompetenzerleben. Dabei ermöglicht das Spiel es neue Kompetenzen zu erwerben und gibt positive Rückmeldungen. Die immer neuen Level reizen zum Dabeibleiben.
- Teamspiele, wie auch Gespräche über Spiele, z. B. in der Schulklasse, vermitteln das Gefühl der Zusammengehörigkeit, der *sozialen Eingebundenheit.* In einer Befragung von 12- bis 17-Jährigen gaben 64 % der Jungen und 41 % der Mädchen an, dass sie ihr Lieblingsspiel gerne spielen, weil sie es toll finden, „Teil eines Teams zu sein“ (DAK-Gesundheit, 2019, S. 17), sie mit ihren Freunden spielen (Jungen 64 %, Mädchen 38 %) und es „Freude bringt, wenn ich mich um meine Spielfiguren kümmern kann“ (Jungen 31 %, Mädchen 45 %). Durch die Online-Vernetzung werden Computerspiele häufig in sozialen Gruppen gespielt, die sich auch aus Offline-Bekanntschaften zusammensetzen. Mehr als die Hälfte der Spielenden gibt an, beim Spielen über „Teamspeak“ oder „Discord“ auch über persönliche Themen zu sprechen.

Alles in allem spielten 98 % der Jugendlichen Computerspiele, weil es Spaß bringt (DAK-Gesundheit, 2019, S. 17). In einer detaillierten Analyse der Grundbedürfnisse beim Spielen und den mit ihnen einhergehenden Affekten zeigte sich, dass besonders das Kompetenzerleben mit Freude, dem Gefühl, sich lebendig zu fühlen und einer Steigerung des Selbstwerts verbunden war (Ryan et al., 2006). Der Grad, in dem alle drei Grundbedürfnisse erfüllt waren, sagte auch den Wunsch vorher, das Spiel weiterzuspielen.

Hinzu kommen Aspekte *extrinsischer Motivation,* wenn Ziele verfolgt werden: „im Spiel einfach immer besser" zu werden (DAK-Gesundheit, 2019: Jungen 73 %, Mädchen 57 %) und zu den Top-Spielern gehören zu wollen (Jungen 29 %, Mädchen 8 %). Neben diesem Aspekt, der in fließendem Übergang zum Kompetenzerleben steht, fungieren Spielelemente auch als Belohnung und führen zu operanter Konditionierung. So können z. B. „Lootboxen" (Überraschungskisten) geöffnet werden, wenn besonders lange, häufig oder erfolgreich gespielt wurde. Eltern oder Lehrkräfte, die Skrupel haben in der Erziehung Belohnungssysteme zur Verstärkung positiver Verhaltensweisen einzusetzen, werden staunen, wie bereitwillig und begeistert sich Kinder und auch Jugendliche dieser Konditionierung unterziehen.

Fazit

Spiele auf dem Smartphone, der Konsole oder dem Notebook/Computer haben eine hohe Verbreitung, die intrinsisch wie auch extrinsisch motiviert ist.

Internet- und Spielsucht?

Die motivierenden Aspekte der Internetnutzung sowie des Computerspielens führen dazu, dass Geld und Zeit investiert wird, was auf Kosten sozialer Beziehungen und bei Kindern und Jugendlichen des schulischen Engagements gehen kann. Daher ist häufig die Rede von „Sucht": Onlinesucht, Internetsucht, Spielsucht. Insbesondere die *Spielsucht* wurde wissenschaftlich lange diskutiert und ist schließlich 2019 in die ICD-11, die International Classification of Diseases der Weltgesundheitsorganisation WHO aufgenommen worden.

ICD

Die „Internationale statistische Klassifikation der Krankheiten und verwandten Gesundheitsprobleme" (ICD) wird von der WHO herausgegeben. In Deutschland werden medizinische Diagnosen nach der ICD verschlüsselt, derzeit (Stand Mai 2020) nach der ICD-10. International wurde 2019 die ICD-11 verabschiedet, die für Deutschland noch nicht übersetzt vorliegt.

In der ICD-11 wurden „Störungen durch abhängiges Verhalten", darunter die „gambling disorder" (Glücksspielsucht) und die „gaming disorder" (Spielsucht mit Bezug auf Computerspiele, „digital gaming“) aufgenommen, beides ist online (im Internet) sowie offline möglich (DIMDI, 2020; Müller, Wölfling & Müller, 2020).

> Gemäß ICD-11 (WHO, 2019) sind die gedankliche Vereinnahmung mit einer an sich nicht pathologischen Aktivität (z. B. Glücksspielen, Internetspielen, ...) und der unwiderstehliche Drang, diese immer wieder auszuführen, zentrale Merkmale von Verhaltenssüchten. Weitere wichtige Charakteristika sind:
>
> - der regelmäßige Kontrollverlust bezüglich Beginn, Frequenz, Intensität, Dauer und Beendigung der Aktivität,
> - die dominante Rolle, die die Aktivität im Leben der Betroffenen einnimmt,
> - dass das Verhalten trotz negativer Konsequenzen fortgeführt oder sogar intensiviert wird, und dass das Verhaltensmuster einen Schweregrad erreicht hat, der zu substanziellen Beeinträchtigungen in persönlichem, familiärem, sozialem, Ausbildungs-, beruflichem oder in anderen Funktionsbereichen führt.
>
> Das unangemessene Verhaltensmuster sollte seit mindestens 12 Monaten bestehen; bei hohem Schweregrad und Erfüllung der vorgenannten Merkmale kann die Diagnose auch bei kürzerer Dauer vergeben werden. (Müller et al., 2020, S. 55)

In der Gesamtbevölkerung wird eine Prävalenz von 1 % geschätzt. Die Forschungsliteratur zusammenfassend nehmen Breiner und Kolibius (2019b, S. 123) an, dass 3 bis 12 % der Computerspielenden nicht unbedingt „Suchtverhalten“, aber doch ein problematisches Spielverhalten entwickeln, das mit Problemen in der Schule oder am Arbeitsplatz, Depressionen und/oder sozialem Rückzug einhergeht. Besonderes Suchtpotenzial haben Massenrollenspiele, die die Grundbedürfnisse und dabei insbesondere die soziale Eingebundenheit durch die Online-Kontakte besonders gut bedienen.

Jenseits dieser Spielsucht gibt es in der offiziellen Diagnostik die „Internetabhängigkeit“ oder „Internetsucht“ als weitere Verhaltenssucht nicht. In der fachwissenschaftlichen wie auch in der populären Literatur haben sich allerdings auch „Internetsucht“, „Onlinesucht“, „Handysucht“ etc. etabliert. Die aufgelisteten Merkmale sind ähnlich wie die ICD-Kriterien der Spielsucht: Kontrollverlust bezüglich Häufigkeit und Dauer der Nutzung, daraus resultierende Beeinträchtigungen im Schul- oder Arbeitsleben sowie in sozialen Kontakten. Dies hat insofern seine Berechtigung als die verhaltensauslösenden Mechanismen ähnlich sind. Allerdings ist bei der Auseinandersetzung mit einschlägigen Veröffentlichungen und Ratgebern zu berücksichtigen, dass die ihnen zu Grunde liegende Forschung durch uneinheitliche Begriffe und Definitionen schwer vergleichbar ist, zumal bislang kaum etablierte Messinstrumente existieren (vgl. Scherr & Bartsch, 2019). Insofern ist das Vorliegen klarer Diagnosekriterien der Spielsucht ein Gewinn. Auch mahnt der Fachbegriff der „Sucht“, diesen nicht leichtfertig zu nutzen. Ebenso wenig wie „ein Drittel der Schüler in meiner Klasse ADHS“ haben, sind „alle Jugendlichen spielsüchtig“ – aber eben einige, die Lehrkräfte im Blick behalten sollten.

Fazit

Von „Sucht“ zu sprechen, ist im Zusammenhang mit der Smartphone- und Computernutzung naheliegend, aber mit Blick auf die Mehrzahl der Nutzerinnen und Nutzer irreführend.

4.3.2 Aktuelle Forschungsbefunde

Computerspielen werden vielfältige negative Effekte zugeschrieben. Dabei ist bei der Rezeption von Medienberichten mit besonderer Vorsicht an die oben erläuterten Probleme der Medienwirkungsforschung zu denken (Kap. 4.1.2). Aufgrund ihrer besonderen Bedeutsamkeit in der öffentlichen Diskussion wird auf die Fragestellung eingegangen, ob Computerspiele der Gewalt Vorschub leisten. Auf Lernspiele wurde bereits in Kapitel 3.3 eingegangen.

Populäre Vorstellungen zur Wirkung von Computerspielen auf Aggression

Nach Schulamokläufen wird in der Analyse des persönlichen Hintergrundes der meist männlichen Täter immer wieder festgestellt, sie hätten ihre Freizeit mit „Killerspielen“ verbracht. So schrieb zum Beispiel die Frankfurter Allgemeine am 21.11.2006 in Reaktion auf den Amoklauf eines Schülers:

> „Nach dem Amoklauf eines früheren Schülers aus Emsdetten im Münsterland ist die Debatte über gewaltverherrlichende Computerspiele wie etwa „Counterstrike“ abermals entbrannt. Auch Bayerns Ministerpräsident Edmund Stoiber (CSU) unterstützt eine Bundesratsinitiative für ein solches Verbot. „Nach dem verheerenden Amoklauf von Emsdetten darf es keine Ausreden und Ausflüchte mehr geben: Killerspiele gehören in Deutschland verboten“, sagte Stoiber am Dienstag in München. „Sie animieren Jugendliche, andere Menschen zu töten.“
>
> Der stellvertretende Vorsitzende der CDU/CSU-Bundestagsfraktion Wolfgang Bosbach sagte: „Sollte sich tatsächlich herausstellen, daß der 18 Jahre alte Täter sich über einen längeren Zeitraum und intensiv mit Killerspielen beschäftigt hat, müßte der Gesetzgeber nun endlich handeln.“

Aus wissenschaftlicher Sicht kann der angenommene Einfluss von Computerspielen mit gewalthaltigem Inhalt auf Amokläufe nicht bestätigt, genauer, nicht untersucht werden. So makaber das klingt: Amokläufe sind ein außerordentlich seltenes Ereignis, Ego-Shooter dagegen werden von 93 % der männlichen Jugendlichen zwischen 12 und 19 Jahren gespielt (Rathgeb & Schmid, 2019), so dass der Nachweis von Kausalität unmöglich ist. Damit soll die Frage nach dem Effekt von Computerspielen auf Aggression und Gewaltbereitschaft nicht diskreditiert werden. Sie verdient im Gegenteil eine ausgewogene Betrachtung. In der Diskussion, in welchem Zusammenhang gewalthaltige Computerspiele und Gewalt stehen, lässt sich theoriegeleitet einerseits annehmen, dass sie Gewalt verhindern, wobei allerdings die Mehrzahl der wissenschaftlichen Konzeptionen andererseits vermuten lässt, dass Gewalt und Computerspiele eher in einem positiven Zusammenhang stehen.

Wissenschaftliche Theorien zum Einfluss von Gewaltdarstellungen auf Gewaltbereitschaft

Nach der *Katharsis*-Theorie sollte die Imagination von Gewalt im Spiel (oder beim Lesen, im Film) es ermöglichen, die Gewalt symbolisch auszuleben und so Aggressivität zu reduzieren. Diese Annahme wurde bereits in der Diskussion um Filme mit gewalthaltigem Inhalt geprüft und zumeist widerlegt. Auch mit Bezug auf Computerspiele gibt es aber das Argument: „Wenn ich richtig sauer bin, kann ich mich beim Zocken abreagieren." Tatsächlich scheinen Computerspiele genutzt zu werden, um Stress abzubauen (Kunczik, 2017). Im Gegensatz dazu könnten die folgenden Mechanismen dazu führen, dass gewalthaltige Spiele zu aggressivem Erleben und Verhalten führen (zusammenfassend Kunczik, 2017).

- Kurzfristig lösen die Medieninhalte emotionale Zustände aus. Im Sinne der *Erregungstransfer*-Hypothese erhöht dies die Intensität nachfolgenden Verhaltens.
- Langfristig könnte bei häufigerem Konsum gewalthaltiger Computerspiele eine Gewöhnung, *Habitualisierung,* an Gewalt einsetzen und so auch in den eigenen Handlungen die Hemmschwelle zur Gewaltanwendung sinken.
- Hinzu könnten Lerneffekte kommen. Im Sinne der sozial-kognitiven *Lerntheorie* erfolgt Lernen am Modell, wenn das Modell attraktiv ist und für sein Verhalten „belohnt" wird, etwa durch Gewinne oder Anerkennung. So könnten beobachtete aggressive Verhaltensweisen, ohne sofort ausgeführt zu werden, auf andere ähnliche Situationen übertragen werden.
- Hinzu kommen laut der *Skript*-Theorie mental repräsentierte Handlungsabläufe (Skripts), in denen nach der häufigen Rezeption gewalthaltiger Medien Gewalt zur Problemlösestrategie wird.

Mit dem General Aggression Model nimmt Anderson (z. B. Anderson & Dill, 2000) an, dass diese Aspekte zusammenwirken und zur Ausbildung von aggressiven Kognitionen und Gewaltbereitschaft führen.

Befunde zur Wirkung von Computerspielen auf Aggression

Die Theorielage würde also einen Einfluss gewalthaltiger Computerspiele auf Aggression erwarten lassen. Um diesen Einfluss zu prüfen, wurden bereits zahlreiche Studien durchgeführt. So konnten Anderson et al. (2010) in einer Metaanalyse 381 Studien mit insgesamt 130 296 Teilnehmenden einbeziehen. Dabei berücksichtigten sie Experimente, korrelative Studien im Querschnitt (also ein Messzeitpunkt, zu dem nach der Nutzung von gewalthaltigen Computerspielen einerseits und Aggressionen andererseits gefragt wurde) sowie Längsschnittstudien, bei denen beides über einen längeren Zeitraum erfragt wurde. Die resultierenden Hinweise auf Wirkzusammenhänge sind in Tabelle 17 zusammengefasst. Die Interpretation der Ergebnisse in Form von Effektstärken wurde bereits in Kapitel 3.1.1 erläutert. Zur Untersuchung von Zusammenhängen in dieser Metaanalyse werden Korrelationen eingesetzt. Bei diesen wird die Stärke des Effekts ab 0.1 als klein, ab 0.3 als mittel und ab 0.5 als groß bezeichnet.

Tabelle 17: Zusammenhang von gewalthaltigen Computerspielen und Aggression nach der Metaanalyse von Anderson et al. (2010, S. 167)

Untersuchte Variablen	Korrelation
aggressives Verhalten	0.19
aggressive Kognitionen (Gedanken, Ideen)	0.16
aggressive Affekte (Feindseligkeit, Ärger, Rachegefühle)	0.14
prosoziales Verhalten (Geschenke oder Hilfeverhalten)	−0.10
Empathie (Mitgefühl mit anderen Personen)	−0.18
physiologische Erregung (Herzschlag, Blutdruck etc.)	0.14

Über alle Maße hinweg zeichneten sich stabile, aber kleine positive Zusammenhänge zwischen Computerspielen und Aggression ab. Die Auswirkungen der Computerspiele hingen von der Zeit ab, die mit den Spielen verbracht wurde, sowie dem Alter der Spielenden (größere Auswirkungen bei Jüngeren). Die Perspektive im Spiel (Ego Shooter vs. Third Person) hatte keinen Effekt.

Um der Frage der Kausalität nach Ursache und Wirkung zu beantworten, macht man sich die Überlegung zu Nutze, dass die Ursache zeitlich vor ihrer Wirkung liegt. Im *Cross-lagged-panel-Design* werden die Zusammenhänge von einem früheren Zeitpunkt mit einem späteren Zeitpunkt analysiert. Dabei werden die Zusammenhänge innerhalb eines Zeitpunkts sowie die Stabilität der Variablen herausgerechnet. Abbildung 18 veranschaulicht die möglichen Effekte, die als Sozialisation und Selektion bezeichnet werden. Die Frage ist: Führt das Spielen gewalthaltiger Computerspiele zu Aggressionen (Sozialisation) oder spielen aggressive Jugendliche häufiger gewalthaltige Computerspiele (Selektion)?

Als Datengrundlage braucht es also Längsschnittstudien. So bezogen Prescott, Sargent und Hull (2018) in eine Metaanalyse ausschließlich Untersuchungen mit mehreren Messzeitpunkten ein, in denen Computerspiele und aggressives Verhalten, genauer physische Gewalt, über einen Zeitraum von drei Monaten bis vier Jahren untersucht wurden. 24 Studien mit insgesamt 17 000 Teilnehmenden flossen in die Analyse ein. Die Teilnehmenden waren 9 bis 19 Jahre alt. Über alle Studien hinweg wiesen gewalthaltige Computerspiele und physische Gewalt bei Kontrolle der Gewalt zu einem früheren Zeitpunkt einen Zusammenhang von 0.11 (Regressionskoeffizient) auf. Das heißt, die Computerspiele führten zu einem geringen Anstieg der Gewalt.

Anhand der Daten der Metaanalyse von Prescott et al. (2018) befasste sich von Salisch (2020) vertiefend mit der Frage nach der Kausalität, indem sie zwischen Sozialisations- und Selektionseffekten unterschied. Sie betrachtete dazu detailliert, wie häufig beide Effekte in den analysierten 24 Studien trennbar waren und berichtete von fünf Studien mit Selektionseffekten (Aggression → Computerspiele), drei Studien mit Sozialisationseffekten (Computerspiele → Aggression) und zwei Studien mit bidirektionalen Effekten (Computerspiele ⇆ Aggression). Auf dieser Grundlage kann man zusammenfassen, dass sowohl zu Aggression neigende Jugendliche mehr gewalthaltige Computerspiele spielen als auch gewalthaltige Computerspiele zu aggressivem Verhalten führen.

Die nächste Frage gilt der Stärke der Effekte. Der Anschaulichkeit halber seien dazu abschließend zwei Einzelstudien vorgestellt, die hinsichtlich der Größe der Effekte zu sehr unterschiedlichen Ergebnissen kommen. In einer Längsschnittuntersuchung befragten Möller und Krahé (2009) knapp 300 Schülerinnen und Schüler der siebten und achten Klassenstufe sowie dreißig Monate später erneut 143 von ihnen. Zu beiden Messzeitpunkten wurden die Jugendlichen auch hinsichtlich ihrer aggressionsbezogenen normativen Überzeugungen und ihres aggressiven Verhaltens befragt. Zum ersten Messzeitpunkt wiesen Spielkonsum und Aggression einen kleinen, aber statistisch bedeutsamen signifikanten Zusammen-

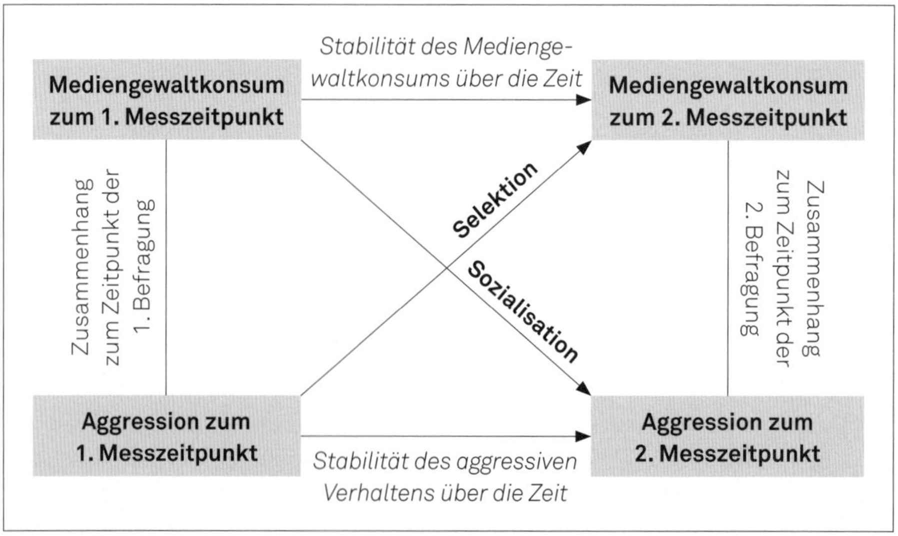

Abbildung 18: Richtung des Zusammenhangs zwischen Mediengewaltkonsum und Aggression über die Zeit (Möller & Krahé, 2013, S. 22)

hang auf. Mit der Frage nach Sozialisations- und Selektionseffekten wurde eine Cross-lagged-Panel-Analyse (s. Abbildung 18) durchgeführt, die keinen Selektionseffekt, aber einen bedeutsamen Sozialisationseffekt (Computerspiele → Aggression) mittlerer Größenordnung erbrachte. Die Wirkung der gewalthaltigen Computerspiele zum ersten Messzeitpunkt auf die Aggression zum zweiten Messzeitpunkt wurde über die normative Akzeptanz von Aggression (Aggression für angemessen zu halten) und feindselige Attributionen (die Tendenz, anderen feindselige Absichten zu unterstellen) vermittelt. Die Ergebnisse stützen damit die oben erläuterte Skript-Theorie und die Annahme, dass Computerspiele Gewaltbereitschaft steigern.

Deutlich geringere Effekte fanden dagegen Ferguson und Wang (2019). Sie befragten über 3000 Jugendliche, die zu Beginn der Untersuchung im Durchschnitt 11 Jahre alt waren, zu drei Messzeitpunkten im Jahresabstand. Die Jugendlichen wurden nach den von ihnen gespielten Spielen und der durchschnittlichen Spielzeit pro Tag sowie nach verschiedenen Aspekten von Aggressivität befragt (z.B. aggressives Verhalten, Cybermobbing, im Gegensatz dazu prosoziales Verhalten). Die verschiedenen Formen von Aggression zum dritten Messzeitpunkt wurden durchweg nicht bedeutsam vom Spielen beeinflusst, auch waren die Effekte mit Korrelationen unter 0.1 durchweg sehr gering. Hier zeigt sich also ebenfalls ein Sozialisationseffekt, allerdings in sehr geringer Größenordnung. Die Studie ist auch insofern relevant, als sie auf weitere Faktoren hinweist: So erwiesen sich ein positives Familienklima und die Impulskontrolle als Schutzfaktoren vor dem negativen Einfluss von Computerspielen.

Betrachtet man zusammenfassend die geringe Größe der Effekte und Heterogenität der Befunde, ist die Datenlage zumindest unbefriedigend. Es ist also notwendig, hier weiter zu forschen und Computerspiele und -spielende nicht vorschnell zu verurteilen. So scheint es wissenschaftlich erfolgversprechend und für die Praxis äußerst relevant, nach weiteren Einflussfaktoren zu fragen, die den Einfluss von Computerspielen auf aggressives Verhalten moderieren. Bislang gibt es sehr klare Hinweise auf Effekte des Alters und des kulturellen Hintergrundes. Stärker zu denken ist in Zukunft an Merkmale der Familie, psychische Merkmale der Spielerinnen und Spieler, Merkmale der Spiele und auch des sozialen Umfelds im Spiel. Wie in Kapitel 4.3.1 ausgeführt, werden viele Spiele online mit anderen gespielt, so dass nicht nur das Spiel, sondern auch die Peers, mit denen gespielt wird, berücksichtigt werden sollten.

Fazit

Die Forschung gibt für Prävention und Intervention in der Schule Hinweise auf relevante Faktoren wie das Alter der Spielenden und die beteiligten Verhaltensweisen, Kognitionen und Affekte in Form von aggressiven und wenig prosozialen Verhaltensweisen und Gedanken.

Zum Weiterlesen

Jöckel, S. (2018). *Computerspiele. Nutzung, Wirkung und Bedeutung.* Wiesbaden: Springer.

4.3.3 Handlungsoptionen und konkrete Umsetzung

Aus den Forschungsergebnissen lassen sich Ansatzpunkte für medienpädagogische Maßnahmen mit Smartphone- und Computerspielen ableiten. Über die zentralen bereits in Kapitel 4.3.1 erarbeiteten Voraussetzungen des wertschätzenden Umgangs mit den von den Kindern oder Jugendlichen bevorzugten Spielen, der Notwendigkeit von inhaltlicher Kompetenz auf Seiten der Lehrkräfte bzw. der pädagogischen Fachkräfte und der Erarbeitung von Alternativen kommt maßgeblich hinzu, dass Kinder und Jugendliche Gewalt und ihre Folgen als solche identifizieren. Die Forschungsliteratur (vgl. Kap. 4.3.2) hat gezeigt, welche Bedeutung dabei sozialen Kognitionen zukommt, und zwar

- aggressiven Kognitionen: Positive Einstellungen gegenüber Gewalt und
- auf andere bezogenen Kognitionen: Moralische Werte, Perspektivenübernahme, Empathie.

Vor diesem Hintergrund lassen sich medienpädagogische Maßnahmen diskutieren. Bislang wurden Handlungsoptionen primär für Eltern formuliert, die auf mögliche Schritte für Lehrkräfte übertragen werden können. So gehen gerade Eltern, die selbst wenig medienkompetent sind, häufig *restriktiv* mit Geräten, Zeiten oder Inhalten um, indem sie z. B. bestimmte Genres, einzelne Spiele bzw. Fernsehsendungen verbieten oder Zugänge technisch sperren. Dasselbe gilt für Lehrkräfte, wenn sie sich unbegründet gegen Shooter oder Action-Spiele aussprechen. Wenn dies aber erläutert und gezielt eingesetzt wird, unterstreichen Erziehende damit ihre Ablehnung von Gewalt (oder übertragbar auch Pornographie oder sexualisierter Gewalt), z. B. durch ein Verbot eines ganz konkreten Spieles oder das Einhalten der FSK-Altersfreigaben. Andererseits bestehen Risiken der Beziehungsgefährdung, einer Zunahme an Attraktivität des Verbotenen und mit zunehmendem Alter der Jugendlichen ein Übergehen der Verbote (vgl. Kunczik, 2017).

Eine häufig verfolgte Strategie ist das *Coviewing,* bei dem Erziehende sich Computerspiele zeigen lassen bzw. mitspielen oder über ihre eigenen Computerspielerfahrungen berichten. Hierbei besteht das Risiko, dass die Kinder oder Jugendlichen es als Toleranz gegenüber Gewalt interpretieren, wenn diese nicht explizit verurteilt wird. Es braucht also die aktive Auseinandersetzung mit gewalthaltigen Inhalten, also *aktive Interventionsstrategien,* die gut von Lehrkräften in der Schule eingesetzt werden können. Bei diesen sprechen Erziehende mit Kindern oder Jugendlichen über Gewaltdarstellungen. Durch Fragen und klare Positionierung fördern sie die Übernahme der Perspektive der bzw. des Geschädigten und fördern so Empathie. Dies spielt nicht nur in Bezug auf gewalthaltige Computerspiele eine große Rolle, sondern auch die auf YouTube und in den sozialen Medien kursierende Videosequenzen von „lustigen" Unfällen, Missgeschicken und Prügelszenen, die das entstehende Leid ausblenden. Indem Lehrkräfte und pädagogische Fachkräfte zum Weiterdenken und zur Übernahme der Perspektive der geschädigten Personen anregen, fördern sie die Empathie.

Beispielhaft sei auf ein einschlägiges Programm zur Förderung der Medienkompetenz von Möller und Krahé (2013) hingewiesen. Es wurde für Gruppen von Jugendlichen in der Sekundarstufe 1 entwickelt und erfolgreich im Klassenkontext, z.B. in Deutsch, Ethik, Sozialkunde etc., eingesetzt. Das Programm ist manualisiert, so dass es von Lehrkräften gut durchgeführt werden kann. Die umfassende Begleitforschung zeigt, dass das Programm den Mediengewaltkonsum (Filme, Fernsehen, Computerspiele), aggressives Verhalten sowie positive Einstellungen gegenüber Gewalt reduziert. Dabei profitierten aggressive Jugendliche sogar besonders stark von der Intervention.

Elemente des Trainingsprogramms zur Förderung der Medienkompetenz von Möller und Krahé (2013)

- Ein Elternabend, in dem Wissen über die Auswirkungen von Mediengewalt vermittelt und das Programm vorgestellt wird,
- sechs Trainingssitzungen à 90 Minuten im Klassenverband, in denen der eigene Medienkonsum analysiert wird, Strategien zur Veränderung der Freizeitnutzung werden erarbeitet, die Wahrnehmung von Gewalt in Medien wird geschult,
- Hausaufgaben wie z.B. das Führen eines Medientagebuches, Erkunden von wohnortnahen Freizeitangeboten, medienfreies Wochenende, Verzicht auf gewalthaltige Medien,
- ein Familienabend zum Austausch über die Trainingserfahrung und Ermutigung zur Weiterführung der Thematik in der Familie.

Der Blick auf Edutainment aus der Freizeitperspektive

Abschließend sei hier noch einmal der Bogen geschlagen zu den in Kapitel 3 ausführlich behandelten Computerspielen im Bereich von Edutainment und Gamification-Elementen. Lernspiele haben einen hohen Lebensweltbezug und ermöglichen eigenes Erleben und Handeln. Damit schließen sie direkt an die Mediennutzung von Kindern und Jugendlichen im Alltag an. In ihrer Bewertung sind Schülerinnen und Schüler deutlich eher geneigt, mit Serious Games zu lernen, als Lehrkräfte, diese im Unterricht einzusetzen. Sie finden ihren Einsatz daher vornehmlich im Nachmittagsbereich der Ganztagsschulen sowie im Elternhaus. Gerade in der Freizeit stehen sie dann aber in Konkurrenz zu kommerziellen Produkten ohne Lernziele, mit denen die meist eher biederen Edutainment-Programme und Apps dann gerade bei Jugendlichen nicht konkurrenzfähig sind. Was im Unterricht als Bereicherung motivieren würde, ist selten attraktiv genug, um als Freizeitbeschäftigung fungieren zu können. Es ist daher hilfreich, Lernprogramme direkt im Unterricht einzusetzen oder explizit als Hausaufgabe aufzugeben, statt freiwillige zusätzliche Bearbeitung über die schulischen Aufgaben hinaus zu erwarten.

5 Ausblick

Angesichts der rasanten technischen Entwicklung und der sich wandelnden Lebens- und Erfahrungswelt steht die Schule in der digitalen Welt noch am Anfang ihrer Möglichkeiten. Mit Blick auf immer größere und schnellere Rechnerleistungen, Techniken von Virtual Reality und Augmented Reality, Nutzung von Big Data für Learning Analytics und intuitiver Gerätebedienung ergeben sich für den schulischen Bildungsbereich sowohl Herausforderungen als auch immer neue Chancen, die technologische Entwicklung nicht nur zu nutzen, sondern gemäß ihres Erziehungs- und Bildungsauftrags die junge Generation dazu zu befähigen, ihr Leben und die Gesellschaft im Zuge von Digitalisierungsprozessen mitzugestalten. Selbstverantwortung und digitale Souveränität, digitale Kompetenzen, gesellschaftliche Teilhabe und Zukunftsorientierung sind hier Schlagworte, die Schulen den Weg für die nächste Jahre vorgeben sollten.

Wie unterschiedlich Schulen und Lehrkräfte in Deutschland jedoch derzeit diesbezüglich aufgestellt sind, hat nicht zuletzt im Frühjahr 2020 eindringlich der Corona-Lockdown gezeigt. Nur ein Teil der Lehrkräfte gab an, dass ihre Schule gut auf einen in dieser Zeit besonders notwendig erscheinenden Einsatz digitaler Technologien für schulisches Lernen und Lehren vorbereitet war. Gleichzeitig wurden zahlreiche neue Lernmöglichkeiten unter Einbezug von digitalen Technologien neu erschlossen. Es ist zu erwarten und zu hoffen, dass die vielfachen positiven Erfahrungen in dieser Zeit einen langfristigen und nachhaltigen Digitalisierungsschub nun auch in Deutschland mit sich bringen, der die oben genannten Perspektiven für Schulen unter sich ständig im Wandel befindlichen gesellschaftlichen Veränderungen auch vor dem Hintergrund europäischer und weltweiter Entwicklungen ermöglicht.

Das vorliegende Buch möchte Sie dabei unterstützen, diese neuen Wege zu beschreiten und mitzugestalten. Es gilt, sich sowohl mit der eigenen Mediennutzung und Medienkompetenz kritisch auseinander zu setzen und diese fortlaufend weiterzuentwickeln, als auch die digitale Lebenswelt von Kindern und Jugendlichen zu kennen und ihr ebenso wertschätzend wie auch strukturgebend zu begegnen. Dies ermöglicht es im nächsten Schritt, die Schülerinnen und Schüler bei dem Aufbau ihrer digitalen Kompetenzen zu unterstützen, sie in ihrer Persönlichkeitsentwicklung in einer sich schnell verändernden Welt zu begleiten und auf ein selbstbestimmtes Leben in einer von Digitalisierung und Mediatisierung geprägten Gesellschaft vorzubereiten. Zugleich sind alle schulischen Aufgabenbereiche, insbesondere das Unterrichten, Erziehen, Diagnostizieren, Beraten sowie das Entwickeln und Innovieren als Teil von Schulentwicklung neu zu denken, um die Potenziale digitaler Medien, beispielsweise in der individuellen Förderung oder in kooperativen Lernsettings, zu nutzen und Kooperationsfähigkeit, neue Wege der Kommunikation, kritisches Denken und Kreativität als Schlüsselkompetenzen zu fördern.

Die Kenntnis der im Buch beschriebenen Phänomene sowie psychologischen Theorien und Befunde stellt in diesem Sinne ein Rüstzeug für die Schule in der digitalen Welt dar. Die daraus abgeleiteten Handlungsoptionen sind einerseits als Grundlagen, andererseits aber immer auch als Beispiele zu verstehen, die individuell, schulintern sowie schulübergreifend genutzt und weiterentwickelt werden können. Dabei ist es erforderlich, nicht nur die Schülerinnen und Schüler selbst, sondern auch die Eltern sowie alle an Schule Beteiligten konsequent und gleichberechtigt in die Entwicklung und Gestaltung der Schule in der digitalen Welt einzubeziehen.

Trotz aller Chancen dürfen dabei jedoch die Herausforderungen der Digitalisierung nicht unterschätzt werden, denen sich bereits im Beruf stehende wie auch angehende Lehrkräfte mit Unterstützung des Aus- und Weiterbildungssystems stellen müssen. Gerade in Kooperationen mit anderen Lehrkräften kann die technische und didaktische Nutzung digitaler Ressourcen weiterentwickelt und an die eigenen Bedürfnisse und Ziele angepasst werden.

Die Forschung arbeitet auf der Grundlage von Vorläufern in Form von Theorien, Modellen, Methoden und Befunden an den immer neuen Problemstellungen und Entwicklungsperspektiven der digitalen Schule. Im Buch wird an verschiedenen Stellen deutlich, dass dabei kontinuierlich immer neuer Forschungsbedarf entsteht. Insbesondere ist es für didaktische Maßnahmen wie auch in Auseinandersetzung mit dem Leben in der digitalen Welt wichtig, individuelle und kontextuelle Faktoren stärker zu berücksichtigen. So sind Fragen nach der individuellen Nutzung von Lernprogrammen, der Personalisierung von Lernprozessen oder der Wirkung von maßgeschneiderten digital gestützten Förder- und Interventionsmaßnahmen auch unter Einbezug adaptiver Lernsysteme für die Umsetzung in der schulischen Praxis noch weitgehend unbeantwortet. Durch eine Intensivierung der Forschung in diesem Bereich sind dazu in den nächsten Jahren innovative Forschungsarbeiten und -befunde zu erwarten, die das Potenzial haben, in ihrem Transfer die Schullandschaft zu verändern. Für Lehrkräfte wird es daher quasi als Daueraufgabe ohne Zweifel gewinnbringend sein, diese Entwicklung zu verfolgen und mitzugestalten.

6 Weiterführende Literatur

Im Buch wurden Hinweise auf Bücher und andere Quellen gegeben, die unseres Erachtens besonders gut geeignet sind, sich vertiefend mit den Themen zu befassen. Sie werden im Folgenden jeweils kurz erläutert.

Lernen für die digitale Welt

Aufenanger, S., Eickelmann, B., Feindt, A. & Kamin, A.-M. (2020). Digitale Bildung. *Friedrich Jahresheft #schuleDIGITAL, 38.*

Im Friedrich-Jahresheft für das Jahr 2020 mit dem Titel #schuleDigital wird mit vielen Beispielen aufgezeigt, wie Schule ihrem Bildungsauftrag in der digitalen Welt nachkommen kann. Leitende Fragen dabei sind: Wie kann Unterricht entwickelt werden? Wie sehen gelingende Ansätze für Schulentwicklung aus? Wie kann voneinander gelernt werden? Wie gelingt die Verzahnung zu dem großen Querschnittsthema Inklusion? Wie kann und sollte Schule der Zukunft aussehen?

Eickelmann, B., Bos, W., Gerick, J., Goldhammer, F., Schaumburg, H., Schwippert, K., Senkbeil, M. & Vahrenhold, J. (Hrsg.). (2019). *ICILS 2018 #Deutschland – Computer- und informationsbezogene Kompetenzen von Schülerinnen und Schülern im zweiten internationalen Vergleich und Kompetenzen im Bereich Computational Thinking.* Münster: Waxmann.

Der Berichtsband der international vergleichenden Schulleistungsstudie ICILS 2018 (International Computer and Information Literacy Study) zeigt, wo Deutschland im Bereich der ‚Digitalen Bildung' steht. Der internationale Vergleich macht a) deutlich, welche Themen relevant sind, und b) wo schulische Bildung in Deutschland hier jeweils steht und wo sich im besonderen Maße Entwicklungsperspektiven für die schulische Arbeit ergeben.

Schaumburg, H. & Prasse, D. (2019). *Medien und Schule.* Bad Heilbrunn: Klinkhardt/utb.

Das Buch ‚Medien und Schule' von Heike Schaumburg und Doreen Prasse arbeitet systematisch zentrale Grundbegriffe und Themen auf. Es entwickelt ein Verständnis für die neuen Bildungs- und Erziehungsaufgaben von Schule in einer digitalen Welt. Es fängt bei den Lebenswelten der Heranwachsenden an und leitet darauf Hinweise für die Gestaltung von Schule und schulisches Lernen ab. Das Buch ist für die schulische Arbeit daher besonders nützlich: Die Struktur hilft Prozesse einzuordnen. Die Inhalte sind aktuell und sehr informierend.

Lernen in der digitalen Welt

Scheiter, K., Richter, J. & Renkl, A. (2020). Multimediales Lernen: Lehren und Lernen mit Texten und Bildern. In H. Niegemann & A. Weinberger (Hrsg.), *Handbuch Bildungstechnologie* (S. 31–56). Berlin: Springer Nature.

In ihrem Artikel zum Multimedialen Lernen geben Katharina Scheiter, Juliane Richter und Alexander Renkl eine vertiefte Einführung in Modelle der Informationsverarbeitung unter dem Aspekt des Multimedialen Lernens. Sie gehen dabei insbesondere darauf ein, wie Lernen in multimedialen Kontexten instruktional unterstützt werden kann. Damit gibt der Beitrag gute Hinweise für den Umgang mit multimedialen Medien im Unterricht.

Philipp, M. (2018). *Lesekompetenz bei multiplen Texten: Grundlagen, Prozesse, Didaktik.* Tübingen: Francke.

Maik Philipp stellt in seinem UTB Buch zur Lesekompetenz bei multiplen Texten grundlegende Herausforderungen und didaktische Konzepte vor. Im Buch werden theoretische Grundlagen, empirische Ergebnisse sowie praktische Implikationen zur Förderung der Lesekompetenz beim Lesen multipler Dokumente präsentiert. Das Buch ist nicht nur für Lehrkräfte mit dem Fach Deutsch sehr informativ und nützlich.

Zander, S., Behrens, A. & Mehlhorn, S. (2020). Erklärvideos als Format des E-Learnings. In H. Niegemann & A. Weinberger (Hrsg.), *Handbuch Bildungstechnologie* (S. 247–258). Berlin: Springer Nature.

Erklärvideos werden immer beliebter bei Schülerinnen und Schülern. Nicht nur außerhalb der Schule zur Nachbereitung von Unterrichtsinhalten, sondern auch als Lernmaterial im Unterricht stellen sie zunehmend eine Bereicherung dar. Steffi Zander, Anne Behrens und Steven Mehlhorn geben einen Überblick über die Potenziale und verschiedenen Formen von Erklärvideos. Dabei gehen sie sowohl auf die Rezeption als auch auf die Produktion von Erklärvideos ein.

Leben in der digitalen Welt

Frölich, J. & Lehmkuhl, G. (2018). Multitasking: Gewinn oder „Zeitfalle"? – Eine Übersicht zum medialen Multitasking bei Kindern und Jugendlichen. *Zeitschrift für Kinder- und Jugendpsychiatrie und Psychotherapie, 46*, 431–443.

Die Problematik medialen Multitaskings lässt sich ohne eine Einordnung in ihren wissenschaftlichen Hintergrund kaum nachvollziehen. Der Artikel gibt dazu eine Übersicht über das Phänomen und seine Verbreitung auch in pädagogischen Kontexten und erläutert die Problematik dann auf der Grundlage neurologischer, kognitions-, entwicklungs- und gesundheitspsychologischer Befunde.

Jöckel, S. (2018). *Computerspiele. Nutzung, Wirkung und Bedeutung.* Wiesbaden: Springer.

Das Buch bietet eine gut nachvollziehbare und ausgewogene Auseinandersetzung mit Computerspielen. Auf mögliche Wirkungen geht ausführlich Kapitel 5 ein: „Was die Wissenschaft über Computerspiele weiß“.

Peter, I.-K. & Petermann, F. (2018). *Cybermobbing im Kindes- und Jugendalter.* Göttingen: Hogrefe.

Das Buch gibt einen gut lesbaren praxisorientierten Überblick zu Grundlagen, Risikofaktoren, Auswirkungen und Gegenmaßnahmen (Prävention, Intervention) von Cybermobbing. Als Hintergrund werden auch digitale Medien und ihre Nutzung durch Kinder und Jugendliche allgemein erläutert.

Literatur

Albert, M., Hurrelmann, K., Quenzel, G. & Kantar (2019). *18. Shell Jugendstudie. Jugend 2019. Eine Generation meldet sich zu Wort*. Weinheim: Beltz.

Anderson, C. & Dill, K.E. (2000). Video games and aggressive thoughts, feelings, and behavior in the laboratory and in life. *Journal of Personality and Social Psychology, 78*(4), 772–790. https://doi.org/10.1037/0022-3514.78.4.772

Anderson, C.A., Shibuya, A., Ihori, N., Swing, E.L., Bushmann, B.J., Sakamoto, A. et al. (2010). Violent video game effects on aggression, empathy, and prosocial behavior in Eastern and Western countries: A meta-analytic review. *Psychological Bulletin, 136*(2), 151–173. https://doi.org/10.1037/a0018251

Andresen, S., Lips, A., Möller, R., Rusack, T., Schröer, W., Thomas, S. & Wilmes, J. (2020). *Erfahrungen und Perspektiven von jungen Menschen während der Corona-Maßnahmen. Erste Ergebnisse der bundesweiten Studie JuCo*. Hildesheim: Universitätsverlag. https://doi.org/10.18442/120

Appel, M. & Schreiner, C. (2014). Digitale Demenz? Mythen und wissenschaftliche Befundlage zur Auswirkung von Internetnutzung. *Psychologische Rundschau, 65*, 1–10. https://doi.org/10.1026/0033-3042/a000186

Artelt, C. & Wirth, J. (2014). Kognition und Metakognition. In T. Seidel & A. Krapp (Hrsg.), *Pädagogische Psychologie* (6. vollständig überarbeitete Aufl., S. 167–192). Weinheim: Beltz.

Atkinson, S. & Shiffrin, R.M. (1968). Human memory: A proposed system and its control processes. In K.W. Spence & J.T. Spence (Eds.), *The psychology of learning and motivation* (2nd ed., pp. 89–195). New York: Academic Press. https://doi.org/10.1016/S0079-7421(08)60422-3

Aufenanger, S., Eickelmann, B., Feindt, A. & Kamin, A.-M. (2020). Digitale Bildung. *Friedrich Jahresheft #schuleDIGITAL, 38.*

Baddeley, A. (2012). Working memory: Theories, models, and controversies. *Annual review of psychology, 63*, 1–29. https://doi.org/10.1146/annurev-psych-120710-100422

Biagi, F. & Loi, M. (2013). Measuring ICT use and learning outcomes: Evidence from recent econometric studies. *European Journal of Education, 48*(1), 28–42. https://doi.org/10.1111/ejed.12016

Bos, W., Eickelmann, B., Gerick, J., Goldhammer, F., Schwippert, K., Schaumburg, H. & Senkbeil, M. (2014). ICILS 2013 – Eine international vergleichende Schulleistungsstudie der IEA. In W. Bos, B. Eickelmann, J. Gerick, F. Goldhammer, H. Schaumburg, K. Schwippert, M. Senkbeil, R. Schulz-Zander & H. Wendt (Hrsg.), *Computer- und informationsbezogene Kompetenzen von Schülerinnen und Schülern in der 8. Jahrgangsstufe im internationalen Vergleich* (S. 33–41). Münster: Waxmann.

Breiner, T.C. & Kolibius, L.D. (2019a). *Computerspiele: Grundlagen, Psychologie und Anwendungen*. Berlin: Springer. https://doi.org/10.1007/978-3-662-57895-7

Breiner, T.C. & Kolibius, L.D. (2019b). *Computerspiele im Diskurs: Aggression, Amokläufe und Sucht*. Berlin: Springer. https://doi.org/10.1007/978-3-662-57860-5

Brüggemann, M. & Breiter, A. (2016). Schulentwicklung mit digitalen Medien – Medienbezogene Schulentwicklung ist erforderlich für eine gelingende Medienintegration. *PÄDAGOGIK, 6*, 37–39.

Buhl, H.M. & Bonanati, S. (2020). Interview: Mediennutzung zu Hause und in der Freizeit. *Friedrich Jahresheft 2020 #schuleDIGITAL, 38*, 28–31.

Bündnis gegen Cybermobbing e.V. (2017). *Cyberlife II – Spannungsfeld zwischen Faszination und Gefahr. Cybermobbing bei Schülerinnen und Schülern*. Verfügbar unter: https://www.buendnis-gegen-cybermobbing.de/fileadmin/pdf/studien/2016_05_02_Cybermobbing_2017End.pdf

Christmann, U. & Groeben, N. (2006). Psychologie des Lesens. In B. Franzmann, K. Hasemann, D. Löffler & E. Schön (Hrsg.), *Handbuch Lesen* (S. 145–223). Baltmannsweiler: Schneider Hohengehren.

Clinton, V. (2019). Reading from paper compared to screens: A systematic review and meta-analysis. *Journal of Research in Reading, 42(*2), 288–325. https://doi.org/10.1111/1467-9817.12269

Csikszentmihalyi, M. (1990). *Flow: The psychology of optimal experience*. New York: Harper and Row.

DAK-Gesundheit (2019). *Geld für Games – wenn Computerspiel zum Glücksspiel wird. Ergebnisse einer repräsentativen Befragung von Kindern und Jugendlichen im Alter von 12 bis 17 Jahren für die DAK-Gesundheit*. Berlin: Forsa Politik- und Sozialforschung. Verfügbar unter: https://www.dak.de/dak/bundesthemen/computerspielsucht-2103398.html

De Jong, T. & Ferguson-Hessler, M.G.M. (1996). Types and qualities of knowledge. *Educational Psychology, 31*, 105–113. https://doi.org/10.1207/s15326985ep3102_2

Deci, E. & Ryan, M.R. (1985). *Intrinsic motivation and self-determination in human behavior*. New York: Plenum Press. https://doi.org/10.1007/978-1-4899-2271-7

Deci, E. & Ryan, M.R. (Eds.). (2002). *Handbook of self-determination theory*. Rochester: University of Rochester Press.

Deci, E. & Ryan, M.R. (2017). Self-determination theory: When mind mediates behavior. Ref. 1980. *Journal of Mind and Behavior, 1(*1), 33–43.

Delgado, P., Vargas, C., Ackerman, R. & Salmerón, L. (2018). Don't throw away your printed books: A meta-analysis on the effects of reading media on reading comprehension. *Educational Research Review, 25*, 23–38. https://doi.org/10.1016/j.edurev.2018.09.003

Deutsches Institut für Medizinische Dokumentation und Information [DIMDI]. (2020). *ICD-11 11. Revision der ICD der WHO*. Verfügbar unter: https://www.dimdi.de/dynamic/de/klassifikationen/icd/icd-11/

Deutsches Institut für Vertrauen und Sicherheit im Internet [DIVSI]. (2018). *DIVSI U25-Studie. Euphorie war gestern*. Verfügbar unter: https://www.divsi.de/wp-content/uploads/2018/11/DIVSI-U25-Studie-euphorie.pdf

Deutsches Jugendinstitut [DJI]. (2019). *AID:A: Aufwachsen in Deutschland und Alltagswelten*. Verfügbar unter: https://www.dji.de/ueber-uns/projekte/projekte/aida-2019.html

Deutsches Schulbarometer. (2019). *Eltern wollen Handyverbot in der Schule*. Verfügbar unter: https://deutsches-schulportal.de/schulkultur/eltern-wollen-handyverbot-in-der-schule/

Döbeli Honegger, B. (2016). *Mehr als 0 und 1. Schule in einer digitalisierten Welt*. Bern: hep.

Drossel, K., Schulz-Zander, R., Lorenz, R. & Eickelmann, B. (2016). Gelingensbedingungen IT-bezogener Lehrerkooperation als Merkmal von Schulqualität. In B. Eickelmann, J. Gerick, K. Drossel & W. Bos (Hrsg.), *ICILS* 2013 – *Vertiefende Analysen zu computer- und informationsbezogenen Kompetenzen von Jugendlichen* (S. 143–167). Münster: Waxmann.

Eckhardt, M., Urhahne, D., Conrad, O. & Harms, U. (2013). How effective is instructional support for learning with computer simulations? *Instructional Science, 41(*1), 105–124. https://doi.org/10.1007/s11251-012-9220-y

Eickelmann, B. (2013). Nachhaltigkeit statt Eintagsfliege. Erfolgreiche Implementation digitaler Medien in Schulen. *Zeitschrift Schul-Management, 44,* 15–19.

Eickelmann, B. (2018). Digitalisierung an Schulen. Eine Bestandsaufnahme. *SchulVerwaltung Spezial, 20*(4), 152–155.

Eickelmann, B., Bos, W., Gerick, J., Goldhammer, F., Schaumburg, H., Schwippert, K., Senkbeil, M. & Vahrenhold, J. (Hrsg.). (2019). *ICILS 2018 #Deutschland – Computer- und informationsbezogene Kompetenzen von Schülerinnen und Schülern im zweiten internationalen Vergleich und Kompetenzen im Bereich Computational Thinking.* Münster: Waxmann.

Eickelmann, B., Bos, W., Gerick, J. & Labusch, A. (2019). Computer- und informationsbezogene Kompetenzen von Schülerinnen und Schülern der 8. Jahrgangsstufe in Deutschland im zweiten internationalen Vergleich. In B. Eickelmann, W. Bos, J. Gerick, F. Goldhammer, H. Schaumburg, K. Schwippert, M. Senkbeil & J. Vahrenhold (Hrsg.), *ICILS 2018 #Deutschland – Computer- und informationsbezogene Kompetenzen von Schülerinnen und Schülern im zweiten internationalen Vergleich und Kompetenzen im Bereich Computational Thinking* (S. 113–135). Münster: Waxmann.

Eickelmann, B. & Drossel, K. (2019). Digitalisierung im deutschen Bildungssystem im Kontext des Schulreformdiskurses. In N. Berkemeyer, W. Bos & B. Hermstein (Hrsg.), *Schulreform – Zugänge, Gegenstände, Trends* (S. 445–458). Weinheim: Beltz.

Eickelmann, B. & Gerick, J. (2017). Lehren und Lernen mit digitalen Medien – Zielsetzungen, Rahmenbedingungen und Implikationen für die Schulentwicklung. *Schulmanagement Handbuch, 164*(4), 54–81.

Eickelmann, B. & Labusch, A. (2019). *ICILS 2018 #Deutschland auf einen Blick. Presseinformationen zur Studie und zu zentralen Ergebnissen.* Münster: Waxmann.

Eickelmann, B. & Labusch, A. (2020). Die Perspektive der Schülerinnen und Schüler auf ihre digitale Zukunft. Ergebnisse der Studie ICILS 2018. *Friedrich Jahresheft 2020 #schuleDIGITAL, 38,* 116–117.

Eickelmann, B. & Schulz-Zander, R. (2008). Schuleffektivität, Schulentwicklung und digitale Medien. In W. Bos, H.G. Holtappels, H. Pfeiffer, H.-G. Rolff & R. Schulz-Zander, *Jahrbuch der Schulentwicklung, 15* (S. 157–193). Weinheim: Juventa.

Fachstelle für Jugendmedienkultur NRW. (2020). *Spieleratgeber NRW.* Verfügbar unter https://www.spieleratgeber-nrw.de/

Ferguson, C.J. & Wang, J.C.K. (2019). Aggressive video games are not a risk factor for future aggression in youth. A longitudinal study. *Journal of Youth and Adolescence, 48*(2), 1439–1451. https://doi.org/10.1007/s10964-019-01069-0

Fleischer, T., Deibl, I., Strahl, A., Moser, S., Maier, S. & Zumbach, J. (2020). EXBOX-Digital – Praxisorientiertes Unterrichtskonzept zum Einsatz digitaler Medien im Chemie- und Physikunterricht. In J. Zumbach, G. Maresch, T. Fleischer & A. Strahl (Hrsg.), *Neue Impulse in der Naturwissenschaftsdidaktik* (S. 211–232). Münster: Waxmann.

Fleischer, T., Maier, S., Deibl, I., Moser, S., Strahl, A. & Zumbach, J. (2020). Innovative Experimentierboxen für den Chemie- und Physikunterricht. In S. Habig (Hrsg.), *Naturwissenschaftliche Kompetenzen in der Gesellschaft von morgen* (Gesellschaft für Didaktik der Chemie und Physik, Bd. 40, S. 963–966). Duisburg-Essen: Universität Duisburg-Essen 2020. Verfügbar unter: https://www.gdcp-ev.de/wp-content/tb2020/TB2020_963_Fleischer.pdf

Fraillon, J., Ainley, J., Schulz, W., Friedman, T. & Duckworth, D. (2019). *Preparing for life in a digital world: IEA International Computer and Information Literacy Study 2018 international report.* Amsterdam: International Association for the Evaluation of Educational Achievement (IEA). https://doi.org/10.1007/978-3-030-38781-5

Fraillon, J., Ainley, J., Schulz, W., Friedman, T. & Gebhardt, E. (2014). *Preparing for life in a digital age. The IEA International Computer and Information Literacy Study international report.* Cham: Springer. https://doi.org/10.1007/978-3-319-14222-7

Friedrich, H.M. & Mandl, H. (2006). Lernstrategien: Zur Strukturierung eines Forschungsfeldes. In H. Mandl & H.F. Friedrich (Hrsg.), *Handbuch Lernstrategien* (S. 1–23). Göttingen: Hogrefe.

Frölich, J. & Lehmkuhl, G. (2018). Multitasking: Gewinn oder „Zeitfalle"? – Eine Übersicht zum medialen Multitasking bei Kindern und Jugendlichen. *Zeitschrift für Kinder- und Jugendpsychiatrie und Psychotherapie, 46*, 431–443. https://doi.org/10.1024/1422-4917/a000575

Gerick, J. & Eickelmann, B. (2017). *Abschlussbericht im Rahmen der wissenschaftlichen Begleitung der Evaluation des Projekts „Lernen mit digitalen Medien" in Schleswig-Holstein*. Universität Hamburg. https://kw.uni-paderborn.de/fileadmin/fakultaet/Institute/erziehungswissenschaft/Schulpaedagogik/PDF/Abschlussbericht_Evaluation_Modellschulen_Gerick_Eickelmann_Feb2017.pdf

Gerick, J., Eickelmann, B., Drossel, K. & Lorenz, R. (2016). Perspektiven von Schulleitungen auf neue Technologien in Schule und Unterricht. In B. Eickelmann, J. Gerick, K. Drossel & W. Bos (Hrsg.), *ICILS 2013 – Vertiefende Analysen zu computer- und informationsbezogenen Kompetenzen von Jugendlichen* (S. 60–92). Münster: Waxmann.

Gerick, J., Eickelmann, B. & Rolff, H.-G. (2017). Digitale Medien in Schule und Unterricht – Herausforderungen für die Schulentwicklung. *Journal für Schulentwicklung, 21(*3), 5–7.

Gerick, J., Massek, C., Eickelmann, B. & Labusch, A. (2019). Computer- und informationsbezogene Kompetenzen von Mädchen und Jungen im zweiten internationalen Vergleich. In B. Eickelmann, W. Bos, J. Gerick, F. Goldhammer, H. Schaumburg, K. Schwippert, M. Senkbeil & J. Vahrenhold (Hrsg.), *ICILS 2018 #Deutschland – Computer- und informationsbezogene Kompetenzen von Schülerinnen und Schülern im zweiten internationalen Vergleich und Kompetenzen im Bereich Computational Thinking* (S. 271–300). Münster: Waxmann.

Glüer, M. (2018). Digitaler Medienkonsum. In A. Lohaus (Hrsg.), *Entwicklungspsychologie des Jugendalters* (S. 198–219). Berlin: Springer. https://doi.org/10.1007/978-3-662-55792-1_9

Gog, T. van, Paas, F. & Sweller, J. (2010). Cognitive load theory: Advances in research on worked examples, animations, and cognitive load measurement. *Educational Psychology Review, 22(*4), 375–378. https://doi.org/10.1007/s10648-010-9145-4

Grob, A. & Jaschinski, U. (2003). *Erwachsen werden. Entwicklungspsychologie des Jugendalters.* Weinheim: Beltz.

Grolnick, W.S. & Ryan, R.M. (1987). Autonomy in children's learning: An experimental and individual difference investigation. *Journal of Personality and Social Psychology, 52,* 890–898. https://doi.org/10.1037/0022-3514.52.5.890.

Guo, S. (2016). A meta-analysis of the predictors of cyberbullying perpetration and victimization. *Psychology in the Schools, 53(*4), 432–453. https://doi.org/10.1002/pits.21914

Hamari, J. (2017). Do badges increase user activity? A field experiment on the effects of gamification. *Computers in Human Behavior, 71*, 469–478. https://doi.org/10.1016/j.chb.2015.03.036

Hamari, J. & Koivisto, J. (2014). Measuring flow in gamification: Dispositional flow scale-2. *Computers in Human Behavior, 40*, 133–143. https://doi.org/10.1016/j.chb.2014.07.048

Hasebrink, U., Lampert, C. & Thiel, K. (2020). *Digitale Teilhabe von Kindern und Jugendlichen. Ergebnissen der EU Kids Online-Befragung in Deutschland 2019*. Hamburg: Hans-Bredow-Institut. Verfügbar unter: https://www.eukidsonline.de/das-projekt/

Heeg, R., Genner, S., Steiner, O., Schmid, M., Suter, L. & Süss, D. (2018). *Generation Smartphone. Ein partizipatives Forschungsprojekt mit Jugendlichen. Hochschule für Soziale Arbeit FHNW und ZHAW Zürcher Hochschule für Angewandte Wissenschaften*. Verfügbar unter: www.generationsmartphone.ch

Herold, B. (2014). Digital reading poses learning challenges for students. *The Education Digest, 80(*1), 44.

Herzig, B. (2020). Medienbildung in der Grundschule – ein konzeptioneller Beitrag zur Auseinandersetzung mit (digitalen) Medien. *Zeitschrift für Grundschulforschung, 13*, 99–116. https://doi.org/10.1007/s42278-019-00064-5

Hoch, S., Reinhold, F., Werner, B., Reiss, K. & Richter-Gebert, J. (2018). *Bruchrechnen. Bruchzahlen & Bruchteile greifen & begreifen* (3. Aufl.). München: Technische Universität München.

Internet ABC für Lehrkräfte (2020). Lernmodule. Verfügbar unter: https://www.internet-abc.de/lehrkraefte/lernmodule/

Irion, T. & Scheiter, K. (2018). Didaktische Potenziale digitaler Medien für den Grundschulunterricht. Der Einsatz digitaler Technologien aus grundschuldidaktischer und mediendidaktischer Sicht. *Grundschule aktuell, 142*, 8–11.

Jöckel, S. (2018). *Computerspiele. Nutzung, Wirkung und Bedeutung*. Wiesbaden: Springer. https://doi.org/10.1007/978-3-658-16017-3

Junco, R. (2012). In-class multitasking and academic performance. *Computers in Human Behavior, 28*(6), 2236–2243. https://doi.org/10.1016/j.chb.2012.06.031

Kamin, A.-M. (2020). Digitale Bildung unter der Perspektive von Inklusion. Inklusive Medienbildung. *Friedrich Jahresheft 2020 #schuleDIGITAL, 38*, 90–92.

Kapp, K.M. (2012). *The gamification of learning and instruction: Game-based methods and strategies for training and education*. San Francisco: Pfeiffer.

Kerres, M. (2018). *Mediendidaktik. Konzeption und Entwicklung mediengestützter Lernangebote* (4. überarbeitete und aktualisierte Aufl.). München: Oldenbourg. https://doi.org/10.1515/9783110456837

Klauer, K.J. & Leutner, J. (2012). *Lehren und Lernen. Einführung in die Instruktionspsychologie* (2. überarbeitete Aufl.). Weinheim: Beltz.

Kong, Y., Seo, Y.S. & Zhai, L. (2018). Comparison of reading performance on screen and on paper: A meta-analysis. *Computers & Education, 123*, 138–149. https://doi.org/10.1016/j.compedu.2018.05.005

Kunczik, M. (2017). *Medien und Gewalt: Überblick über den aktuellen Stand der Forschung und der Theoriediskussion*. Wiesbaden: Springer. https://doi.org/10.1016/j.compedu.2018.05.005

Landesanstalt für Medien NRW. (2020). *Medienscouts in der Schule*. Verfügbar unter: https://www.medienscouts-nrw.de/

Lenhard, A., Lenhard, W. & Küspert, P. (2018). *Lesespiele mit Elfe und Mathis. Computerbasierte Leseförderungen für die erste bis vierte Klasse: Manual*. Göttingen: Hogrefe. https://doi.org/10.1026/02948-000

Livingstone, S., Kirwall, L., Ponte, C. & Staksrud, E. (2014). In their own words: What bothers children online? *European Journal of Communication, 29*(3), 271–288. https://doi.org/10.1177/0267323114521045

Lorenz, R. & Bos, W. (2017). Schule digital – der Länderindikator 2017. Theoretisches Rahmenmodell, Überblick über die Befunde des Länderindikators 2017 und Einordnung zentraler Ergebnisse der Erhebungszyklen 2015, 2016 und 2017. In R. Lorenz, W. Bos, M. Endberg, B. Eickelmann, S. Grafe & J. Vahrenhold (Hrsg.), *Schule digital – der Länderindikator 2017. Schulische Medienbildung in der Sekundarstufe I mit besonderem Fokus auf MINT-Fächer im Bundesländervergleich und Trends von 2015 bis 2017* (S. 11–35). Münster: Waxmann.

Maas, M.J. & Hughes, J.M. (2020). Virtual, augmented and mixed reality in K–12 education: A review of the literature. *Technology, Pedagogy and Education, 29*(2), 231–249. https://doi.org/10.1080/1475939X.2020.1737210

Magliano, J.P., McCrudden, M.T., Rouet, J.-F. & Sabatini, J. (2018). The modern reader: Should changes to how we read affect research and theory? In M.F. Schober, D.N. Rapp & M.A. Britt (Eds.), *Routledge handbooks in linguistics. The Routledge handbook of discourse processes* (pp. 343–361). New York: Routledge. https://doi.org/10.4324/9781315687384-18

Marciano, L., Schulz, P.J. & Camerini, A.-L. (2020). Cyberbullying perpetration and victimization in youth: A meta-analysis of longitudinal studies. *Journal of Computer-mediated Communication, 25*, 163–181. https://doi.org/10.1093/jcmc/zmz031

Markowetz, A. (2015). *Digitaler Burnout. Warum unsere permanente Smartphone-Nutzung gefährlich ist*. München: Droemer.

Mayer, R.E. (2001). *Multimedia learning*. Cambridge: Cambridge University Press. https://doi.org/10.1017/CBO9781139164603

Mayer, R.E. (Ed.). (2014). *The Cambridge handbook of multimedia learning* (2nd ed.) New York: Cambridge University Press. https://doi.org/10.1017/CBO9781139547369

Mekler, E.D., Brühlmann, F., Tuch, A.N. & Opwis, K. (2017). Towards understanding the effects of individual gamification elements on intrinsic motivation and performance. *Computers in Human Behavior, 71*, 525–534. https://doi.org/10.1016/j.chb.2015.08.048

Mendoza, J.S., Pody, B.C., Lee, S., Kim, M. & McDonough, I. (2018). The effect of cellphones on attention and learning: The influences of time, distraction, and nomophobia. *Computers in Human Behavior, 86*, 52–60. https://doi.org/10.1016/j.chb.2018.04.027

Meurers, D., De Kuthy, K., Nuxoll, F., Rudzewitz, B. & Ziai, R. (2019). Scaling up intervention studies to investigate real-life foreign language learning in school. *Annual Review of Applied Linguistics, 39*, 161–188. https://doi.org/10.1017/S0267190519000126

Möller, I. & Krahé, B. (2009). Fördern gewalthaltige Bildschirmspiele die Aggressionsbereitschaft? DIGAREC Lectures 2008/09 -Vorträge am Zentrum für Computerspielforschung mit Wissenschaftsforum der Deutschen Gamestage. Quo Vadis 2008 und 2009 (S. 60–83). Potsdam: Universitätsverlag. Verfügbar unter: https://publishup.uni-potsdam.de/opus4-ubp/frontdoor/deliver/index/docId/3590/file/digarec02_S060_083.pdf

Möller, I. & Krahé, B. (2013). *Mediengewalt als pädagogische Herausforderung. Ein Programm zur Förderung der Medienkompetenz Jugendlicher*. Göttingen: Hogrefe.

Montag, C., Lachmann, B., Herrlich, M. & Zweig, K. (2019). Addictive features of social media/messenger platforms and freemium games against background of psychological and economic theories. *International Journal of Environmental Research and Public Health, 16*, 1–16. https://doi.org/10.3390/ijerph16142612

Müller, A., Wölfling, K. & Müller, K.W. (2020). Störungen durch abhängiges Verhalten. Störung durch Glücksspielen, Störung durch Spielen von Internetspielen und pathologisches Kaufen. *Psychotherapeut, 65*, 53–66. https://doi.org/10.1007/s00278-019-00396-8

Nakamura J. & Csikszentmihalyi, M. (2014). The concept of flow. In M. Csikszentmihalyi (Ed.), *Flow and the foundations of positive psychology* (pp. 239–263). Springer: Dordrecht. https://doi.org/10.1007/978-94-017-9088-8_16

Ott, T., Magnusson, A.G., Weilenmann, A. & Segerstad, Y.H. (2018). "It must not disturb, it's as simple as that": Students' voices on mobile phones in the infrastructure for learning in Swedish upper secondary school. *Education and Information Technologies, 23*, 517–536. https://doi.org/10.1007/s10639-017-9615-0

Patterson, M.C. (2017). A naturalistic investigation of media multitasking while studying and the effects on exam performance. *Teaching of Psychology, 44(*1), 51–57. https://doi.org/10.1177/0098628316677913

Peter, I.-K. & Petermann, F. (2018). *Cybermobbing im Kindes- und Jugendalter*. Göttingen: Hogrefe. https://doi.org/10.1026/02915-000

Philipp, M. (2020). Leseförderung 4.0? Gibt es Unterschiede in den Merkmalen effektiver Lesefördermaßnahmen mit multiplen Dokumenten, wenn digitale Medien genutzt werden? *Zeitschrift MedienPädagogik, 17* (Jahrbuch Medienpädagogik), 141–168. https://doi.org/10.21240/mpaed/jb17/2020.04.29.X

Porsch, T. & Pieschl, S. (2012). *Schluss mit Cybermobbing! Das Trainings- und Präventionsprogramm „Surf-Fair“*. Weinheim: Beltz.

Porsch, T. & Pieschl, S. (Hrsg.). (2014). *Neue Medien und deren Schatten. Mediennutzung, Medienwirkung und Medienkompetenz*. Göttingen: Hogrefe.

Prescott, A., Sargent, J. & Hull, J. (2018). Metaanalysis of the relationship between violent video game play and physical aggression over time. *Proceedings of the National Academy of Sciences, 115(*40), 9882–9888. https://doi.org/10.1073/pnas.1611617114

Quintas, A., Bustamante, J.C., Pradas, F. & Castellar, C. (2020). Psychological effects of gamified didactics with exergames in Physical Education at primary schools: Results from a natural experiment. *Computers & Education,* 103874. https://doi.org/10.1016/j.compedu.2020.103874

Rathgeb, T. & Behrens, P. (2019). *KIM-Studie 2018: Basisuntersuchung zum Medienumgang 6- bis 13-Jähriger*. Stuttgart: Medienpädagogischer Forschungsverbund Südwest. Verfügbar unter: https://www.mpfs.de/fileadmin/files/Studien/KIM/2018/KIM-Studie_2018_web.pdf

Rathgeb, T. & Schmid, T. (2019). *JIM-Studie 2019: Basisuntersuchung zum Medienumgang 12- bis 19-Jähriger*. Stuttgart: Medienpädagogischer Forschungsverbund Südwest. Verfügbar unter: https://www.mpfs.de/fileadmin/files/Studien/JIM/2019/JIM_2019.pdf

Rathgeb, T. & Schmid, T. (2020). *JIM-Studie 2020: Jugend, Information, Medien*. Stuttgart: Medienpädagogischer Forschungsverbund Südwest. Verfügbar unter: https://www.mpfs.de/fileadmin/files/Studien/JIM/2020/JIM-Studie-2020_Web_final.pdf

Reinhold, F., Hoch, S., Werner, B., Reiss, K. & Richter-Gebert, J. (2018). *Tablet-PCs im Mathematikunterricht der Klasse 6. Ergebnisse des Forschungsprojektes ALICE:Bruchrechnen*. Münster: Waxmann.

Rheinberg, F. & Vollmeyer, R. (2012). *Motivation* (8. aktualisierte Aufl.). Stuttgart: Kohlhammer.

Rigby, S. & Ryan, R.M. (2011). *Glued to games: How video games draw us in and hold us spellbound*. Santa Barbara: Praeger.

Rosen, L.D., Carrier, L. M. & Cheever, N. A. (2013). Facebook and texting made me do it: Media-induced task-switching while studying. *Computers in Human Behavior, 29,* 948–958.

Ryan, R.M. & Deci, E.L. (2000). Self-Determination theory and the facilitation of intrinsic motivation, social development, and well-being. *American Psychologist, 55(*1), 68–78. https://doi.org/10.1037/0003-066X.55.1.68

Ryan, R.M., Rigby, C.S. & Przybylski, A. (2006). The motivational pull of video games: A self-determination theory approach. *Motivation and Emotion, 30*, 344–360. https://doi.org/10.1007/s11031-006-9051-8

Sacher, W., Sliwka, A., Tschöpe-Scheffler, S., Walper, S. & Wild, E. (2013). *Qualitätsmerkmale schulischer Elternarbeit: Ein Kompass für die partnerschaftliche Zusammenarbeit von Schule und Elternhaus.* Düsseldorf: Vodafone Stiftung. Verfügbar unter: https://www.vodafone-stiftung.de/wp-content/uploads/2020/02/Qualitätsmerkmale-schulischer-Elternarbeit_vodafone-stiftung_druckversion.pdf

Sailer, M., Hense, J.U., Mayr, S.K. & Mandl, H. (2017). How gamification motivates: An experimental study of the effects of specific game design elements on psychological need satisfaction. *Computers in Human Behavior, 69*, 371–380. https://doi.org/10.1016/j.chb.2016.12.033

Sailer, M. & Homner, L. (2020). The gamification of learning: A meta-analysis. *Educational Psychology Review, 32,* 77–112. https://doi.org/10.1007/s10648-019-09498-w

Salisch, M. von (2020). Beschäftigung mit gewalthaltigen Computerspielen und offen aggressives Verhalten bei Kindern und Jugendlichen: Ein Literaturüberblick zur Wirkrichtung. *Praxis der Kinderpsychologie und Kinderpsychiatrie. Ergebnisse aus Psychotherapie, Beratung und Psychiatrie, 69(*2), 109–125. https://doi.org/10.13109/prkk.2020.69.2.109

Scharnagl, S., Evanschitzky, P., Streb, J., Spitzer, M. & Hille, K. (2014). Sixth graders benefit from educational software when learning about fractions: A controlled classroom study. *Numeracy: Advancing Education in Quantitative Literacy, 7*(1). https://doi.org/10.5038/1936-4660.7.1.4

Schaumburg, H. & Prasse, D. (2019). *Medien und Schule. Theorie – Forschung – Praxis.* Bad Heilbrunn: Klinkhardt.

Schenk, L. (2020). Was ist Cybermobbing? In M. Böhmer & G. Steffgen (Hrsg.), *Mobbing an Schulen. Maßnahmen zur Prävention, Intervention und Nachsorge* (S. 273–301). Wiesbaden: Springer. https://doi.org/10.1007/978-3-658-26456-7_15

Scherr, S. & Bartsch, A. (2019). Pathologische Mediennutzung. In C. Rossmann & M. Hastall (Hrsg.), *Handbuch der Gesundheitskommunikation* (S. 281–292). Wiesbaden: Springer. https://doi.org/10.1007/978-3-658-10727-7_22

Schleicher, A. (2018). Die Zukunft hat begonnen. Interview mit Andreas Schleicher zu den Möglichkeiten neuer Technologien für die Bildung. *Schulmanagement, 2*, 23–27.

Schneider, S. & Popp, L. (2019). *Emotionale Störungen und Verhaltensauffälligkeiten* (Psychologie im Schulalltag, Band 2). Göttingen: Hogrefe. https://doi.org/10.1026/02898-000

Schultze-Krumbholz, A., Zagorscak, P., Roosen-Runge, A. & Scheithauer, H. (2018). *Medienhelden. Unterrichtsmanual zur Förderung von Medienkompetenz und Prävention von Cybermobbing* (2. Auflage). München: Ernst Reinhardt.

Schunk, D., Meece, J. & Pintrich, P. (2014). *Motivation in education. Theory, research, and applications.* Edinburgh: Pearson Education Limited.

Schuur, W.A. van der, Baumgartner, S.E., Sumter, S.R. & Valkenburg, P.M. (2020). Exploring the long-term relationship between academic-media multitasking and adolescents' academic achievement. *New Media & Society, 22*(1), 140–158. https://doi.org/10.1177/1461444819861956

Sekretariat der Ständigen Konferenz der Kultusminister der Länder in der Bundesrepublik Deutschland [KMK]. (2016). Bildung in der digitalen Welt. Strategie der Kultusministerkonferenz. [Beschluss der Kultusministerkonferenz vom 8.12.2016]. Verfügbar unter: https://www.kmk.org/fileadmin/Dateien/pdf/PresseUndAktuelles/2017/Strategie_neu_2017_datum_1.pdf

SensorTower (2020). *Top apps by download.* Verfügbar unter: https://sensortower.com/blog/top-apps-games-publishers-q2-2019

Spitzer, M. (2012). *Digitale Demenz. Wie wir unsere Kinder um den Verstand bringen.* München: Droemer.

Statista (2019). *Durchschnittliche tägliche Nutzungsdauer des Internets nach Altersgruppen in Deutschland in den Jahren 2017 und 2018.* Verfügbar unter: https://de.statista.com/statistik/daten/studie/935319/umfrage/taegliche-nutzungsdauer-des-internets-nach-altersgruppen-in-deutschland/

Sweller, J. (1994). Cognitive load theory, learning difficulty, and instructional design. *Learning and instruction, 4*(4), 295–312. https://doi.org/10.1016/0959-4752(94)90003-5

Talan, T. (2020). The effect of mobile learning on learning performance: A meta-analysis study. *Educational Sciences: Theory and Practice, 20*(1), 79–103. https://doi.org/10.12738/jestp.2020.1.006

Tulodziecki, G., Herzig, B. & Grafe, S. (2019). *Medienbildung in Schule und Unterricht* (2. vollständig überarbeitete und aktualisierte Aufl.). Bad Heilbrunn: Klinkhardt.

Voogt, J. (2008). IT and curriculum processes: Dilemmas and challenges. In J. Voogt & G. Knezek (Eds.), *International handbook of information technology in primary and secondary education* (pp. 117–132). New York: Springer. https://doi.org/10.1007/978-0-387-73315-9

Voogt, J. & Pareja Roblin, N. (2010). *21st Century Skills. Discussion Paper.* Verfügbar unter: http://opite.pbworks.com/w/file/fetch/61995295/White%20Paper%2021stCS_Final_ENG_def2.pdf

Wang, C., Fang, T. & Miao, R. (2018). Learning performance and cognitive load in mobile learning: Impact of interaction complexity. *Journal of Computer Assisted Learning, 34*(6), 917–927. https://doi.org/10.1111/jcal.12300

Ward, A.F., Duke, K., Gneezy, A. & Bos, M.W. (2017). Brain drain: The mere presence of one's own smartphone reduces available cognitive capacity. *Journal of the Association for Consumer Research, 2*(2), 140–154. https://doi.org/10.1086/691462

Weichold, K. & Blumenthal, A. (2018). Problemverhalten. In A. Lohaus (Hrsg.), *Entwicklungspsychologie des Jugendalters* (S. 169–196). Berlin: Springer. https://doi.org/10.1007/978-3-662-55792-1_8

Weinstein, C.E. & Mayer, R.E. (1986). The teaching of learning strategies. In M.C. Wittrock (Ed.), *Handbook of research on teaching* (3rd ed., pp. 315–327). New York: Macmillan.

Wellenreuther, M. (2014). *Lehren und Lernen – aber wie? Empirisch-experimentelle Forschungen zum Lehren und Lernen im Unterricht*. Baltmannsweiler: Schneider Hohengehren.

Wiater, W. (2013). *Erziehen und Bilden. Prüfungswissen – Basiswissen Schulpädagogik*. Donauwörth: Auer. https://doi.org/10.7788/bue.2013.66.2.145

Wilde, N. (2020). Mobbing – ein Gruppenphänomen? In M. Böhmer & G. Steffgen (Hrsg.), *Mobbing an Schulen: Maßnahmen zur Prävention, Intervention und Nachsorge* (S. 79–97). Wiesbaden: Springer. https://doi.org/10.1007/978-3-658-26456-7_5

Wirth, J. & Leutner, D. (2006). Selbstregulation beim Lernen in interaktiven Lernumgebungen. In H. Mandl & H.F. Friedrich (Hrsg.), *Handbuch Lernstrategien* (S. 172–184). Göttingen: Hogrefe.

Wouters, P., Paas, F. & van Merriënboer, J.J. (2008). How to optimize learning from animated models: A review of guidelines based on cognitive load. *Review of Educational Research, 78*(3), 645–675. https://doi.org/10.3102/0034654308320320

Wouters, P. & Oostendorp, H. Van (2013). A meta-analytic review of the role of instructional support in game-based learning. *Computers & Education, 60*(1), 412–425. https://doi.org/10.1016/j.compedu.2012.07.018

Zander, S., Behrens, A. & Mehlhorn, S. (2020). Erklärvideos als Format des E-Learnings. In H. Niegemann & A. Weinberger (Hrsg.), *Handbuch Bildungstechnologie* (S. 247–258). Berlin: Springer Nature.

Zumbach, J., Rammerstorfer, L. & Deibl, I. (2020). Cognitive and metacognitive support in learning with a serious game about demographic change. *Computers in Human Behavior, 103*, 120–129. https://doi.org/10.1016/j.chb.2019.09.026

Psychologie im Schulalltag

Psychologisches Wissen für die Schule nutzbar gemacht

Herausgegeben von Caterina Gawrilow, Marcus Hasselhorn, Ulrich Trautwein, Christina Schwenck, Stefan Drewes und Anke Leuthold-Zürcher

Uta Klusmann / Natalie Waschke
Gesundheit und Wohlbefinden im Lehrerberuf

Band 1: 2018. 132 Seiten,
€ 22,95 / CHF 29.90
ISBN 978-3-8017-2863-2
Auch als eBook erhältlich

Silvia Schneider / Lukka Popp
Emotionale Störungen und Verhaltensauffälligkeiten

Band 2: 2019. 133 Seiten,
€ 22,95 / CHF 29.90
ISBN 978-3-8017-2898-4
Auch als eBook erhältlich

Karoline Teufel / Sophie Soll
Autismus-Spektrum-Störungen

Band 3: 2021. 151 Seiten,
€ 22,95 / CHF 29.90
ISBN 978-3-8017-3075-8
Auch als eBook erhältlich

www.hogrefe.com

hogrefe